AF502078

Ouvrage honoré d'une souscription du
MINISTÈRE DE L'AGRICULTURE

A MESSIEURS LES ÉLEVEURS

Dressage du Jeune Cheval

A LA SELLE ET AU TRAIT

Suivi des termes en usage dans la pratique de l'Equitation

PAR

P. DE VAUCOTTES
Ancien Élève de l'Ecole spéciale de Saumur.

FALAISE
IMPRIMERIE DE L. RÉGNAULT-TROLONGE
18, place Guillaume-le-Conquérant.

1893

DRESSAGE DU JEUNE CHEVAL

à la Selle et au Trait.

8° S 9261

Tous droits réservés.

A MESSIEURS LES ÉLEVEURS

DRESSAGE

DU

JEUNE CHEVAL

A LA SELLE ET AU TRAIT

Suivi des termes en usage dans la pratique de l'Equitation

PAR

P. DE VAUCOTTES

Ancien Elève de l'Ecole spéciale de Saumur.

BIBLIOTHÈQUE NATIONALE R.F. IMPRIMÉS

DON. N° 81021

FALAISE

IMPRIMERIE DE L. RÉGNAULT-TROLONGE

13, place Guillaume-le-Conquérant.

1893

A Messieurs les Eleveurs normands
est dédié ce livre
par leur très respectueusement dévoué
compatriote

P. DE VAUCOTTES.

PREMIÈRE PARTIE

—

Dressage à la selle du Cheval docile et bien conformé.

Avant-Propos

A Messieurs les Éleveurs,

Deviner la cause du mal, y apporter un remède et surtout détruire ces préjugés et cette routine si fortement enracinés chez nous, voici ce que je me suis proposé en publiant dans ce recueil les quelques conseils qui manquent malheureusement trop souvent à un grand nombre de gens se croyant capables d'entreprendre le dressage d'un cheval et qui n'ont recours la plupart du temps qu'à des trucs absurdes et barbares, indignes d'un vrai homme de cheval, ou à des engins plus ou moins compliqués, que je condamne absolument au nom du simple bon sens.

Je sais très bien qu'un éleveur ne peut apprendre à dresser un cheval en lisant un livre, mais je soutiendrai absolument qu'il ne peut davantage devenir un bon dresseur s'il se contente de s'exercer seul, sans maître et sans conseils : *en un mot*, joindre la théorie à la pratique.

Lorsque l'on est déjà d'une certaine force et que l'on comprend ce que l'on fait, personne n'a le droit de prétendre qu'il soit impossible de se perfectionner en lisant tout ce qu'ont écrit les maîtres tels que : Pluvinel, La Guerinière, le marquis d'Abzac, le comte d'Aure, le comte de Montigny, Raabe, le colonel Gerhardt et F. Muzany, etc., etc., avant tout des praticiens.

« Je n'ai jamais tenu aucun compte, a dit « F. Musany, de ceux qui nient l'utilité des « livres ; ce sont des gens sans instruction et « souvent même, pour ne pas dire presque « toujours, dépourvus d'intelligence. Si par « hasard, en leur entendant rabâcher quel- « ques absurdités, comme eux seuls savent « en dire, vous voulez charitablement leur « montrer leur erreur, ils vous crient niaise- « ment qu'ils ne connaissent que la pratique « et ne s'aperçoivent pas qu'en niant ou fai- « sant fi des théoriciens ils vous exposent une « théorie à eux plus ou moins dénuée de tout « sens commun. »

La plupart des soi-disant *Dresseurs ou*

Ecuyers, qui ont la prétention de présenter des chevaux dans les concours ou à des acheteurs, ont malheureusement le grand défaut de trop *les rechercher* afin de les faire stepper pour leur donner le plus de brillant possible et ils vous disent avec un grand sang-froid et un semblant de conviction : *Voyez comme il trotte haut !* Les naïfs peuvent s'y laisser prendre, mais le vrai connaisseur ne s'y trompe pas, car l'animal, insuffisamment équilibré, ou auquel l'on demande plus qu'il ne peut, *ne marche haut* que du devant, son arrière-main est gênée et ne se trouve pas en harmonie avec son avant-main.

Le grand talent est donc de montrer un cheval aussi brillant mais surtout aussi harmonieux que possible par la régularité de ses mouvements et de sa souplesse naturelle.

« Le vrai connaisseur, a dit aussi à juste « titre, un de nos anciens maîtres, le comte « de Montigny, n'est pas celui qui se pas« sionne devant un animal complétement « beau, mais bien celui qui sait pardonner à « un animal inférieur, ou, si l'on aime mieux, « découvrir les grandes qualités qui rachètent « les petites imperfections. »

Ce recueil résume les principes les plus élémentaires et les plus rationnels du dressage du cheval; mais comme la science hippique se sert de termes et de locutions techniques qui souvent ne sont pas entendus et compris, j'y joindrai la clef de ceux employés le plus généralement dans cette espèce de *Vade-Mecum* de l'Eleveur.

CHAPITRE Ier.

Education du Poulain jusqu'à l'âge de deux ans.

La plus grande partie des Eleveurs n'attachent pas assez d'importance à l'éducation des poulains pendant les deux premières années; il est cependant de toute urgence de former le moral du cheval dès sa plus tendre enfance, puis de suivre dans son dressage une marche progressive en raison de son âge et de ses forces.

Je citerai tout particulièrement un système d'élevage bien simple, dont j'ai pu apprécier les bienfaits sur les sujets qui m'ont été confiés jusqu'à ce jour; ce système adopté dans quelques contrées de France et notamment dans beaucoup de pays étrangers est celui où les poulinières sont soumises au travail suivies de leurs poulains. Cette manière de procéder est excellente, car, de cette façon, l'animal devient familier avec tous les objets extérieurs, sans que l'on ait à craindre pour lui, plus tard, que ces objets soient une cause d'effroi, ce qui compliquerait de beaucoup son dressage.

Nous devrions donc alors voir, en France, comme

cela se fait journellement dans certaines contrées de l'Europe, ces charriots que deux, quatre et même six chevaux ou poulinières, traînent avec tant d'aisance, tandis que des enfants, en s'amusant, exercent au montoir et dirigent les poulains qui suivent leurs mères ?

De combien de ressources l'agriculture se prive-t-elle, en laissant abandonnés à eux-mêmes, poulains et poulinières, qui ne sortent de leurs paturages que pour rentrer dans des écuries où ils seront toujours onéreux à l'Eleveur ?

Il faut donc consacrer d'une façon rigoureuse les deux premières années du cheval à une habitude complète des objets de toute nature : son ouïe à tous les bruits divers, et son corps à supporter patiemment les soins de l'homme, puis le harnais qu'il devra porter dans la suite.

Avec un exercice journalier, une alimentation bien comprise, ces deux années doivent donner au cheval une constitution robuste, qui lui fera plus tard accepter tout travail sans défense.

Pendant la première année, l'on devra habituer le poulain à se laisser toucher et parfois on le soumettra à quelques légers pansages avec un bouchon de paille ; il sera bon aussi de lui lever fréquemment les pieds en frappant sur le sol pour le préparer au bruit du ferrage.

Je reviendrai plus loin, sur l'étude toute particulière du *lever des pieds* (1).

1) Deuxième partie. — Chapitre I.

Il faudra avoir soin de mettre quelquefois les doigts dans la bouche du jeune cheval, lui passer la main sur la tête en lui flattant les yeux et les oreilles, sans, bien entendu, user d'aucune violence. On évitera surtout de jouer avec lui et de le laisser mordre. J'ai vu beaucoup de chevaux irritables devenir méchants et fort dangereux, parcequ'on les avait trop surexcités dans leur enfance, ou brutalisés pour faire cesser une violence dont leur jeunesse et leur nature étaient la cause.

Les poulains chatouilleux devront être maniés plus souvent, mais jamais assez longtemps pour les irriter et leur faciliter une défense. Je recommande surtout, en les caressant sur le front et au-dessus des yeux, de les regarder fixement, avec douceur, puis de leur parler en n'élevant la voix que pour attirer leur attention. On ne s'imagine pas assez l'heureuse influence que peut avoir sur le jeune cheval le regard de l'homme et le son de sa voix.

La deuxième année réclamera d'autres soins plus prudents et plus minutieux encore, le poulain ayant à prendre successivement connaissance du licol, bridon, couverture, sangles et croupière ; par la suite, le collier et harnais en général, ne seront plus qu'un jeu pour lui, lorsque de bonne heure il y aura été préparé.

Si l'on veut obtenir un résultat prompt, décisif, il faudra ajouter à une prudence excessive beaucoup de ménagements dans la manière de placer le licol au poulain ; ceci se comprend aisément, car avant de procéder à toute autre partie du harnais il est nécessaire que l'animal se laisse tenir et fixer à la mangeoire.

Lorsque je parle du licol pour la deuxième année, je me base sur l'enchainement de la méthode recommandée pour une partie de la réussite du dressage ; cependant, il est évident que le poulain devrait être habitué au licol dès sa première rentrée à l'écurie, c'est-à-dire au commencement de l'hiver, chose qui ne se fait pas encore assez généralement.

Pour passer le licol, la présence de deux palefreniers intelligents est indispensable, de façon que le premier saisissant le poulain par la queue, pour l'empêcher de ruer, le deuxième lui tienne la tête. Le licol étant passé, on se gardera bien d'essayer d'attacher immédiatement le poulain qui, généralement effrayé par cette opération, chercherait aussitôt à tirer au renard, et si par hasard la longe se cassait, il serait sujet à se renverser puis à se blesser. Deux hommes et plus, s'il est nécessaire d'après la force du poulain, le tiendront d'un peu loin avec une longe solide, afin d'être à même de présenter à l'animal dans ses bonds une résistance complète sans chercher à l'entraîner. Ils s'opposeront alors à ses mouvements rétrogrades, et attendront que, devenu calme, il se porte de lui même en avant.

Après chaque leçon renouvelée pendant quelques jours de la même manière, le poulain restera libre dans son écurie où même à l'herbage, mais on lui conservera une longe ordinaire qu'on laissera traîner. Lorsqu'enfin il se laissera assujettir avec patience, on pourra, tout en le surveillant quelques instants, l'attacher, en lui donnant immédiatement un peu d'avoine comme récompense de sa soumission. On essayera ensuite du surfaix d'enrênement, mais on aura bien soin, pendant les premiers jours, de tenir les rênes passablement longues et la croupière lâche ; les rênes seront tendues progressivement jusqu'à ce que l'on soit arrivé à donner un peu d'appui à la bouche du cheval sans surtout lui faire prendre de l'humeur, ou qu'il puisse chercher à se soustraire à cet appui en s'acculant, ce qui serait un pernicieux début ; la sangle sera de même serrée progressivement. Une demi-heure de ce travail chaque jour suffira pour habituer le poulain au surfaix d'enrênement.

Il est de toute nécessité d'agir, dans l'application de ces moyens, avec une douceur et un calme absolu, puisque, comme je l'ai déjà dit, les premières impressions ont une inffluence immense et surtout profonde sur le reste de l'éducation.

Il est encore un point essentiel pour obtenir un dressage complet suivi d'un service parfait : c'est la familiarisation entière du cheval avec le bruit et les obstacles.

« Le cheval, a dit le Cte de Montigny, est un des « animaux chez lequel l'organe de l'ouïe est le plus « développé ; la forme de ses oreilles, semblable à de « vrais cornets acoustiques, leur mobilité continuelle, « surtout lorsque des sons inconnus viennent le sur- « prendre, nous démontre cette perfection auditive.

« L'expérience et l'étude ont prouvé que la sensa-

« tion de la peur lui venait en grande partie par « l'ouïe, car en mettant obstacle à l'audition ou en « l'habituant progressivement au bruit, l'animal le « plus peureux devenait calme puis à peine impres- « sionnable. Il faut donc, d'un peu loin d'abord, « habituer le poulain au bruit de ferrailles, tambour, « etc... et surtout aux détonations de la poudre.

« Le maniement des armes, le cliquetis du fer, une « détonation, sont généralement les bruits qui effrayent « le plus les chevaux. »

Le claquement du fouet comme j'aurai occasion de le dire plus tard, (1) doit être l'objet de soins particuliers ; car s'il peut inspirer de la crainte comme châtiment, il faut en user sobrement et que le bruit qu'il occasionne ne devienne jamais une cause d'effroi. Je dois avouer, à mon grand regret, que les Anglais sont nos maîtres en ce genre et ne font jamais entendre un fouet ; un chatouillement suffit pour stimuler un cheval énergique, et le claquement énervant du fouet français est une barbarie à réformer, qu'on pardonnerait à peine au charretier, dont il est le joujou brutal et la distraction sur nos routes.

Malgré le principe qui vient d'être émis sur la sensation de la peur chez le cheval, sa vue doit être aussi soigneusement exercée. Quelques étoffes de couleurs vives et diverses pendues dans les cours, des feux allumés dans les enclos où les poulains prennent

(1) Chapitre VI, 1re partie. — DU FOUET.

leurs exercices, sont des moyens bons et utiles ; mais je le répète, ils seront toujours moins efficaces que l'éducation du poulain avec sa mère qui, en parcourant avec elle les routes semées d'obstacles et d'objets plus ou moins effrayants, s'habituerait par son exemple à ne plus les redouter.

CHAPITRE II

Travail à la longe, son utilité.

Le travail à la longe a été trop généralement recommandé par nos maîtres pour que j'insiste à en démontrer encore les avantages, mais comme son application nécessite un discernement, puis une sagesse, faute desquels elle devient dangereuse, surtout dans des mains inhabiles, je me permettrai seulement quelques recommandations.

La longe aidant au développement des allures, amenant l'assouplissement, l'équilibre et particulièrement en soumettant le jeune cheval, aura surtout à détruire cette énergie fougueuse nuisible au dressage; par elle on évitera ces bonds et sauts d'effroi qui prendraient assurément, quand la solidité du cavalier n'en triomphe pas, un caractère sérieux de défense. On peut donc alors assurément se dire que, dans ce dernier cas, le cheval souffre d'une lutte où l'homme est alors contraint de s'attacher à la main pour assurer sa position fortement ébranlée ; alors il arrive que les jarrets et les reins du cheval subissent la funeste influence des efforts qu'il fait pour se débarrasser du cavalier, dont le poids inaccoutumé, puis souvent trop lourd, est généralement cause de son insoumission.

CHAPITRE III

Du caveçon, de la longe, du surfaix d'enrênement.

Le caveçon, la longe et le surfaix d'enrênement, reconnus comme les meilleurs moyens de dressage, la forme et la disposition devant en être raisonnées, je les décrirai successivement.

—

Le caveçon est une sorte de licol de cuir, dont la muserolle est formée d'une lame de fer entièrement recouverte d'un cuir assez épais ; la partie intérieure en est garnie d'un coussinet de basane rembourré, afin de garantir le cheval d'à-coups trop violents et souvent dangereux. Sa force et sa pesanteur doivent être en rapport avec la nature des sujets soumis au dressage.

Une habitude, trop étendue malheureusement, est de se servir de caveçons lourds et durs. Je recommande donc très sévèrement la légèreté réunie à la solidité de toutes les parties, en évitant surtout le caveçon à dentelures, instrument barbare, dans lequel j'ai rencontré de graves inconvénients.

Au centre externe de la muserolle existera un anneau à touret, solidement fixé, servant à attacher la longe munie à l'une de ses extrémités d'un boucleteau en cuir.

Le fer du caveçon sera composé de trois parties :

1° La partie médiante portant l'anneau à touret qui se trouve posée sur les sus-naseaux ;

2° De deux autres parties, articulées par une charnière, disposées de façon à recevoir les deux montants qui doivent le supporter.

Pour le dressage de gros et lourds chevaux, dont les bonds ont besoin d'être énergiquement réprimés, je ne verrais aucun inconvénient ni danger à supprimer le coussinet rembourré, mais il serait bon cependant de garnir le fer d'une simple basane.

J'insisterai surtout pour que la têtière du caveçon possède double sous-gorge dans la longueur des montants ou supports, car il arrive généralement qu'aux mouvements violents que fait le cheval pour se soustraire à l'effet de la longe, le caveçon en tournant fait arriver le côté de la têtière jusqu'à l'œil et peut, par son frottement, occasionner des lésions sérieuses à cet organe.

Dans quelques pays où l'on monte encore les chevaux au caveçon, cet instrument porte alors trois anneaux, un au centre pour la longe, un de chaque côté pour les rênes. Je blâme énergiquement ce mode de dressage beaucoup trop dur et qui exige surtout de la part de l'écuyer une science absolue.

Pour que le caveçon agisse avec une puissance parfaite, sans avoir une action par trop douloureuse, il faut que sa position sur la tête du cheval soit soumise à une règle générale ; sa place doit être à 3 centimètres au-dessus de l'extrémité inférieure des sus-naseaux ou os du nez, trop haut il n'aurait aucune puissance, puis trop bas, c'est-à-dire sur les cartillages, il gênerait la respiration. L'on doit aussi lui conserver un peu de jeu, car s'il était trop serré sur le nez, il perdrait sa puissance ; trop lâche, il serait dur et pourrait occasionner sur la région nasale des lésions et écorchures déjà trop fréquentes.

Si l'on se sert du caveçon avec le bridon, on le passera en dessous des montants de ce dernier afin de conserver libre l'action du mors sur la bouche du cheval.

—

La Longe doit être d'une longueur de dix mètres environ, faite d'un tissus double, à peu près large de trois doigts, ou bien encore d'une corde de la grosseur de 2 à 3 centimètres. Elle sera garnie de 25 en 25 centimètres de nœuds en cuir servant à la retenir dans la main.

Une longe trop courte et trop grosse est dangereuse, elle fatigue le cheval lorsqu'on lui fait exécuter le travail sur le cercle ; trop longue elle serait embarassante, puis trop faible elle ne pourrait réprimer le désordre.

—

Le Surfaix d'enrênement doit être large et rembourré à sa face interne, puis muni de deux coussinets pour éviter les blessures qui sont sujettes à se produire sur le garrot du cheval, surtout si on le serrait un peu trop. On placera de chaque côté de ce surfaix une boucle servant à fixer les rênes de bridon ; on y adaptera aussi une croupière, de façon à empêcher qu'il ne s'avance sur le garrot lorsque le cheval étant enrêné prendra un fort point d'appui sur le bridon.

Ce bridon, possesseur d'un gros mors brisé au centre, garni de larges anneaux ainsi que de petites branches de 10 centimètres à peu près, servant à empêcher les anneaux de passer dans la bouche, sera placé sous le caveçon, comme je l'ai déjà indiqué plus haut.

Au sujet du surfaix d'enrênement, je dirai quelques mots de *l'Homme de bois*, dont l'usage fort connu, est précieux pour les encolures affaissées, par son mécanisme, il grandit sensiblement le cheval pouvant céder à l'appui de la bouche, et il l'amène promptement à goûter le mors.

Lorsqu'on met un cheval à l'enrênement, il faut toujours avoir soin de jeter un peu de gros sel dans sa bouche pour faciliter la salivation.

Je répéterai encore que, pour débuter dans le travail à la longe, on doit rêner le cheval progressivement ; des rênes trop longues lui laisseraient une liberté dont il abuserait et de trop courtes l'engageraient à s'acculer puis à se renverser.

Avant d'obtenir l'enrênement complet, il faut attendre que l'appui sur le mors soit confiant et que la tête ne cherche pas à s'y soustraire par des saccades.

CHAPITRE IV

Du choix et de la disposition d'une carrière.

Pour soumettre un cheval au travail à la longe, j'attacherai la plus haute importance au choix, puis à la disposition de la carrière ou manège découvert.

La carrière, quelle qu'en soit la forme (car elle peut être circulaire), doit être unie et recouverte d'une couche de sable fin, ayant une épaisseur de **12** à **15** centimètres ; il est facile de comprendre, qu'un terrain dur, raboteux et glissant, serait dangereux, car il ébranlerait ou fatiguerait les jambes du jeune cheval.

Dans les conditions d'installation que je prescris, ce manège sera praticable en tout temps, le cheval y pourra bondir impunément, ses allures se développeront facilement et sans danger, puis la fatigue suffisante occasionnée par la mobilité ainsi que la profondeur du sol, viendra tourner à son avantage.

On devra surtout choisir pour cela un lieu écarté,

où le cheval ne soit ni distrait, ni effrayé ; car trop près de son écurie, il serait tenté d'y retourner.

L'entourage de ce manège, s'il était possible, sera fait d'un mur, de barrières ou de haies factices, car la vue d'un champ libre et le grand air augmentant la gaieté du cheval le plus calme, il serait moins porté à bondir et à se soustraire à la main qui veut le maîtriser.

CHAPITRE V

Porter le cheval en avant par la traction.

Après avoir détaillé dans les chapitres précédents les premiers soins dont le poulain doit être l'objet jusqu'à l'âge de deux ans, puis ayant aussi donné la description des lieux propices et des engins utiles à sa première éducation, je parlerai maintenant des moyens à employer pour commencer le dressage proprement dit.

Je n'insisterai donc que sur les choses les plus nécessaires et généralement trop souvent négligées ; mais avant je rappellerai encore qu'aller trop vite dans le dressage, c'est reculer ; il est impossible d'obtenir des progrès sérieux et réellement sensibles, si vous n'avez dans les leçons ni enchaînement ni méthode.

Avant d'introduire un cheval dans la carrière, on aura soin de le revêtir du caveçon et surfaix d'enrênement ; après l'y avoir fait entrer, on se placera devant lui puis, rendant une brassée de longe, l'on commencera alors à exercer sur cette dernière une traction progressive ayant pour but d'amener l'animal à soi en lui parlant.

Dans les premiers temps, il arrive presque toujours que le cheval résiste ou fasse un effort pour se dérober à cette traction; dans ce cas il faudra y persévérer sans augmentation ni diminution, mais il serait prudent, comme le cheval est plus puissant que l'homme et pourrait sortir vainqueur de la lutte, de confier à un ou deux palefreniers l'extrémité de la longe, de façon à seconder la puissance de traction qui doit être inerte tout en la rendant égale à la résistance que vous opposera le cheval ; puis on attendra patiemment que, cédant à votre résistance, il se porte docilement en avant.

Après l'avoir flatté, on recommencera ce travail un quart-d'heure environ, ce qui amènera sûrement, dès la première leçon, un résultat sensible.

S'il arrivait par hasard, que certains chevaux d'une nature plus sauvage ou irritable se secouent avec colère, cherchent à se soustraire et à se renverser, l'on ne devra dans aucun cas abandonner ou rendre la longe, mais persévérer dans la lutte, jusqu'à ce que l'on en sorte avec un triomphe absolu. Il n'y a aucun danger à courir pour l'animal, sur un sol aussi mou que celui de la carrière, si la disposition en est telle que je l'ai décrite.

Après quelques jours de cette leçon bien donnée, il est rare que le cheval résiste, l'on pourra donc alors passer à une autre leçon analogue, mais au moyen de la cravache.

Pour exécuter ce travail, l'on saisira l'extrémité des rênes du bridon dans la main gauche en les assujettissant fortement, puis de la droite on frappera de légers coups de cravache sur le poitrail et les épaules, tandis que, se tenant devant lui, on le tirera à soi de la main du bridon pour le mettre en mouvement. Pendant cette leçon il faudra faire tenir la longe par un palefrenier, mais on ne s'en servira que si le cheval cherchait à reculer aux coups de cravache.

Dès que le cheval cédera, on le laissera marcher quelques pas, puis on l'arrêtera en opposant le bridon. Après l'avoir caressé on recommencera cette leçon pendant quelques minutes chaque jour.

La soumission du cheval ayant fait un grand pas, le travail sur le cercle sera de beaucoup simplifié.

CHAPITRE VI

Du Fouet.

Ayant dans un chapitre précédent donné en quelques mots mon appréciation sur l'usage du fouet, j'en détaillerai maintenant l'utilité dans le dressage.

En France, l'emploi du fouet n'est généralement pas compris ; pour en user avec un avantage sérieux dans le dressage, il faut avoir beaucoup de tact et ne s'en servir que sobrement en ayant soin d'en observer les effets d'après le caractère des sujets qui vous sont confiés.

Beaucoup d'écuyers veulent (cela à juste titre), que le fouet soit à la fois un moyen d'impulsion et que le cheval ne le craigne pas assez pour s'effrayer du claquement d'un fouet étranger.

Il est assez difficile, pour ne pas dire impossible, de coincider ces deux conditions qui semblent s'exclure l'une l'autre ; mais, puisque nous devons nous résigner au bruit du fouet des charretiers et autres, j'indiquerai un moyen qui, tout en sensibilisant le cheval, le corrigera d'une crainte immodérée et souvent dangereuse de ce stimulant, dont l'emploi est cependant nécessaire.

Lorsque vous mettrez un jeune cheval à la longe pour étudier son caractère et arriver à éveiller en lui une sensibilité progressive, vous agiterez d'abord le fouet en le frappant à terre derrière le cheval ; s'il reste indifférent à ce bruit, vous le toucherez légèrement, puis, s'il se porte en avant, vous serez sobre de coups et attendrez la fin de la leçon pour habituer son oreille au bruit. Vous vous éloignerez ensuite de lui et ferez alors claquer votre fouet tandis qu'un palefrenier le tenant de près à la longe le flattera. Chaque jour vous recommencerez en vous approchant davantage, lorsque vous remarquerez que le cheval deviendra calme.

Si au contraire vous aviez affaire à un sujet froid et insensible, attaquez-le vigoureusement jusqu'à ce qu'il craigne le fouet, en faisant suivre chaque claquement d'une attaque énergique, ce qui lui fera comprendre que le sifflement du fouet est un ordre de se porter en avant avec vigueur.

Le cheval ne doit jamais rester indifférent au bruit ou à l'attaque du fouet, tandis que celui de nature sensible et énergique demeurera froid jusqu'à ce que le fouet l'ait atteint directement.

CHAPITRE VII

Travail sur le cercle.

Le travail sur le cercle, étant pour moi dans le début du dressage de la plus haute importance et surtout d'une exécution assez difficile pour obtenir un résultat sérieux, j'en décrirai complètement les notions, en recommandant encore une grande douceur.

Pour procéder à cet exercice, il est indispensable de s'adjoindre deux palefreniers vigoureux, intelligents et patients, jusqu'à ce que le cheval cède très franchement à la traction de la longe et soit parfaitement habitué au cercle.

Dans le cas où vous auriez à faire exécuter ce travail à un cheval par trop vigoureux, il serait prudent de placer derrière soi un aide prêt à saisir l'extrémité de la longe afin d'éviter que l'écuyer chargé de tenir et diriger cette longe ne soit entraîné et ne laisse échapper l'animal ; d'ailleurs cet aide pourra aussi conduire le cheval sur le cercle jusqu'à ce qu'il prenne confiance.

L'aide préposé à la chambrière (1) doit agir d'accord avec la longe et aider en tout à régler les allures et à leur donner toute l'extension qu'elles peuvent avoir; celui qui tient la longe ne doit laisser s'éloigner le cheval de lui que de 6 mètres environ, car un cercle trop étendu, en donnant à l'animal une latitude trop grande, rendrait le travail plus que difficile, puisque l'aide chargé de la chambrière ne pourrait l'atteindre sans courir et qu'au contraire marchant à grands pas au centre il ne doit que fort peu s'éloigner de lui.

Si la longe était trop longue, il serait impossible de s'en servir et le cheval n'étant pas assez maintenu se déroberait.

Je laisse le choix de commencer un cheval à main droite ou à main gauche, pourvu que l'on consacre le même temps à chaque main, mais je donne cependant la préférence au travail à *main gauche*, lorsqu'il sagit d'un jeune cheval, car il y a une facilité plus grande à le mettre en cercle sur cette main, parce que l'homme qui le conduit se servira mieux au début de sa main droite pour tenir la rêne intérieure du bridon.

Le cheval étant sur le cercle à main gauche, l'écuyer dirigeant la longe en tiendra l'extrémité garnie de nœuds en cuir dans la main droite *(main du dehors)*; la gauche *(main du dedans)* saisissant alors l'excédant de cette longe pliée en longs anneaux de même grandeur, viendra se placer sur la hanche gauche pour y trouver un point d'appui. Le poids du corps portera

(1) Fouet très long.

aussi de ce côté afin de présenter une résistance plus grande aux mouvements brusques que pourraient faire l'animal.

Dans cette position, la main droite aura pour mission de diriger et faire sentir au cheval l'action du caveçon ; elle se soutiendra haute, le bras légèrement plié.

La main conduisant la longe, aura *quatre saccades* différentes :

1° *Une de dedans en dehors* servant à rejeter la tête du cheval hors du cercle.

2° *Une de dehors en dedans* devant ramener la tête en dedans.

3° *Une de bas en haut* ayant comme but de grandir et élever l'encolure.

4° *Une de haut en bas* pour arrêter.

L'arrêt peut encore être obtenu en agitant vivement la longe de dehors en dedans, mais cet effet servira surtout au cheval sensible dans le cas où il se presserait, chercherait à bondir, enfin pour anéantir son élan et régler son allure.

Les coups de caveçon s'obtiennent en tendant la longe puis mollissant le bras et imprimant une vibration énergique à celle-ci dans le sens où l'on veut donner le coup. Par exemple : si vous voulez donner le coup de gauche à droite, il faut jeter la longe un peu tendue à gauche et la ramener vivement à droite en raidissant le bras avec vigueur de ce côté.

Pour changer le cheval de main gauche à main droite, l'on devra d'abord l'arrêter et l'attirer à soi en pliant à mesure la longe par anneaux réguliers, ce qui s'effectuera en faisant couler la main droite le plus loin qu'elle pourra s'étendre et en ramenant la longe avec la gauche qui viendra la saisir derrière la droite.

Lorsqu'on voudra remettre le cheval de main droite à main gauche, le mouvement s'exécutera en sens inverse.

Après avoir changé le cheval de main, on changera également la longe, dont l'extrémité sera, pour marcher à main droite, tenue par la main gauche et l'on conservera toujours la main du dedans pour maintenir le caveçon.

Si j'insiste beaucoup sur ce point, c'est que j'ai reconnu depuis longtemps le danger auquel on s'expose par un désordre de longe, sans compter le défaut de justesse qui en résulte généralement et nécessairement dans le travail.

Il arrive souvent que le jeune cheval, au commencement de cette leçon, soit enclin aux sauts de gaîté ; il faut prévoir ces bonds, se garder d'attaquer l'animal, mais donner de légères saccades au moment où le cheval fait le gros dos, se rassemble et se dispose à bondir ; on peut alors le distraire et l'empêcher de sauter.

Dans le cas où il viendrait à pointer, je défendrai absolument un coup de caveçon trop dur, car il peut l'estropier, le renverser et n'est d'ailleurs d'aucune utilité.

On doit habituer le cheval à se calmer et à s'arrêter à la voix ; les mots : *Oh là !* dits d'une façon énergique et accompagnés d'un léger coup de caveçon sont excellents, de même qu'un appel de langue, d'accord avec la chambrière, fait promptement comprendre au cheval que ce bruit peut être le précurseur d'un châtiment et le stimule suffisamment sans qu'il soit besoin pour cela d'avoir recours à d'autres moyens dont il faut toujours être sobre quand l'utilité ne s'en fait pas sentir d'une manière indispensable.

Lorsqu'il arrive que le cheval revient vers le centre du manège et ne prend pas bien sa longe, il faut diriger la chambrière du côté des épaules et de la tête, mais en dehors de cette faute elle devra toujours être tenue en bas et ne s'élever ou châtier que lorsqu'il y aura mauvais vouloir ou bien encore manque de soutien dans l'allure.

CHAPITRE VIII.

Des allures, de leurs moyens préparatoires, de la durée et progression de la reprise.

Le point essentiel dans le dressage est de se rendre compte des allures et des mouvements qui les déterminent. Il ne faut pas vouloir obtenir la vitesse aux dépens de la régularité, mais s'inquiéter surtout, si le mouvement que l'on impose au cheval l'use ou contrarie son équilibre et s'il ne charge pas trop ses extrémités. Le but que tout sportman doit se proposer, c'est d'user son cheval également des quatre extrémités.

Pour arriver à ce résultat, on doit d'abord étudier avec soin la conformation du cheval et employer les moyens propres à conserver son équilibre quand il existe, ou à le faire naître, si la nature n'y a pas pourvu.

Il est bien entendu, comme je l'ai déjà dit, que je ne m'occuperai, dans cette première partie, que du cheval docile et bien conformé, me réservant de parler dans la seconde des sujets mal construits ou devenus rétifs, lesquels réclament alors plus de méthode que de savoir.

Lorsqu'on met à la longe un cheval pris dans les meilleures conditions, il est de toute nécessité de lui donner une bonne position de tête, des allures régulières, et développer en lui ses moyens naturels dans un équilibre dont il se ressentira toujours. La position de la tête est la base de tout bon dressage, car celle-ci et l'encolure ont une influence immense sur tous les mouvements et surtout très distincte, selon qu'elles s'élèvent ou s'abaissent.

Si la tête et l'encolure sont par trop hautes, il est évident que tout le poids du corps se portera sur les reins et les jarrets ; si elles sont convenablement affaissées, l'avant-main sera un peu surchargée et sa puissance pourra réagir sur tout l'animal et en particulier sur les hanches.

De nombreuses discussions ont été élevées à ce sujet par nos maîtres, mais la plus grande partie sont d'accord pour donner à la tête du cheval une position perpendiculaire au sol (*autrement dit ramener*) ; l'encolure sera donc soutenue et arrondie d'une façon gracieuse dans sa partie supérieure.

Dans ses allures ordinaires, le cheval se présentera alors avec plus d'élégance et disposera de ses forces avec aussi plus d'aisance et de légèreté. Je ne parle pas ici bien entendu du cheval de course, dont la vitesse exige une position de tête et d'encolure tout à fait particulière.

Pour amener le jeune cheval à la position que je

viens de décrire et pour lui en faciliter les moyens, il ne faudra l'enrêner que progressivement et lui faire faire dans les commencements quelques flexions et assouplissements de tête et d'encolure. Chez le jeune cheval, même le mieux conformé, les muscles de l'encolure sont toujours raides et ne peuvent facilement se plier ; il faut donc, par une gymnastique douce, les préparer à la nouvelle position que l'on veut leur imposer. Pour procéder à cet exercice, l'on doit prendre le cheval à l'état de calme et de préférence à l'écurie.

Après avoir relevé les rênes du bridon sur l'encolure, le cavalier se placera à l'épaule gauche du cheval, puis passant la main droite par dessus l'encolure, il saisira la rêne droite du bridon ; la main gauche prenant ensuite la rêne gauche à quelques centimètres de l'anneau du bridon.

Dans cette position l'on opérera une traction progressive sur la rêne droite de manière à amener peu à peu et sans saccades la tête du cheval dans la direction de l'épaule droite. Il faut surtout éviter que l'animal ne recule, ce qui arrive généralement lorsque la force employée dans la flexion est trop brusque ou plus grande que la résistance qu'il peut vous opposer. L'on doit se contenter, les premières fois, d'une flexion incomplète, mais qui, exercée chaque jour pendant quelques minutes, finira par amener sans effort le nez du cheval jusqu'à l'épaule.

Il est bien entendu que cette flexion sera pratiquée aux deux mains et principalement à celle où l'on trouvera plus de raideur et de contraction.

Comme l'herbage prédispose très souvent le jeune cheval à un affaissement très grand de son encolure, il sera donc bon qu'après l'avoir soumis à l'exercice que je viens de prescrire, l'on se place devant lui en saisissant le bridon à droite et à gauche par les anneaux pour lui faire exécuter pendant quelques minutes, en relevant et en rabaissant la tête et l'encolure aussi haut que les bras peuvent s'étendre, une série d'élévations, mais avec un petit intervalle nécessaire pour anéantir la contraction.

J'ai connu des chevaux très enterrés et s'encapuchonnant qui, par ce moyen, ont acquis au bout de quelque temps une légèreté de soutien et une élévation dues assurément à ces soins méthodiquement dirigés.

Le pas et le trot, sont les deux seules allures auxquelles le jeune cheval sera exclusivement exercé ; pour obtenir un trot régulier et vite par la suite, il faut surtout ne pas le précipiter tout d'abord, mais attendre que la force vienne, ce qui ne fera pas défaut si l'exercice est raisonné et progressif.

L'harmonie dans le mouvement, jointe au sang et à l'hygiène, la bonne et régulière disposition des forces de l'animal peuvent seules amener les grandes vitesses, ces vitesses régulières qui donnent toute la valeur au cheval pour le fin connaisseur.

Lorsque l'on soumet un jeune cheval aux exercices dont je viens de donner la progression, il faut étudier ses mouvements et cesser le travail avant qu'il n'ait pris sur son moral et abattu ses forces.

Si par exemple, son énergie ne s'est soutenue que pendant un quart-d'heure, on devra se régler sur cette épreuve pour les jours suivants et n'augmenter la durée du travail que de quelques instants, mais je recommande alors tout particulièrement d'entremêler cet exercice de voltes et tours au pas allongé pour calmer le jeune cheval et le rendre soumis à la longe. Ce travail étant une sorte d'entraînement, il faudra veiller avec beaucoup de soin à la nourriture du poulain, qui, tracassé par ces exercices, fatigué par les transpirations inévitables, ne serait pas long à dépérir et à prendre le travail en humeur, ce qui nous éloignerait du but proposé pour lui.

J'ai dit précédemment et le répète encore, tout dressage qui ne tourne pas au profit de la force et de la santé est pernicieux et devient la ruine pour l'éleveur.

Il est indispensable de promener les jeunes chevaux en main pendant une heure au moins, jusqu'au moment où de jeunes garçons pourront les monter pendant de longues promenades au pas, car l'exercice à la longe ne doit être que de courte durée.

CHAPITRE IX

Du choix d'une selle et de ses accessoires.

Le choix d'une selle convenable n'est pas sans importance pour monter le jeune cheval, et, malgré que l'on ait suivi avec une méthode parfaite le travail à la longe et à peu près suffisamment maîtrisé le poulain pour ne pas redouter des bonds où des défenses sérieuses, la prudence, dont on ne se repent jamais, veut que l'on prévoie encore quelques difficultés puisque l'on assure au cavalier toutes chances de succès.

Beaucoup de ces prétendus piqueurs qui courent d'un éleveur chez l'autre dresser, *soi-disant*, les jeunes chevaux, se servent généralement d'une couverture roulée sur le garrot pour présenter un point d'appui aux genoux ou bien encore de mauvaises selles anglaises dont ils sont possesseurs, s'ils ne les trouvent déjà chez l'éleveur. J'ai constaté beaucoup d'inconvénients dans cet usage et en suis complètement ennemi.

La couverture roulée ne présente, premièrement, pas assez de garantie de solidité pour le cavalier, ensuite elle n'habitue pas le cheval à la selle, au poids de l'homme s'aidant de l'étrier au montoir, et enfin un cavalier sur la couverture ne peut se servir de ses jambes comme un dressage raisonné l'exige. En effet, s'il monte des chevaux ayant par trop de réaction, le cavalier est obligé de renverser considérablement son corps en arrière, de porter ses jambes en avant des épaules du cheval et, par cela même, de ne tenir son équilibre qu'en se pendant sur les rênes.

Dans le cas encore où le cheval viendrait à bondir, les jambes qui jusque-là n'avaient exercé aucune pression se contractent brusquement, les genoux remontent et le cavalier est sujet non-seulement à tomber, mais aussi à faire cabrer et renverser son cheval.

Quant à ces mauvaises selles anglaises dont je parle plus haut, elles sont absolument à redouter; leur vétusté ou bien encore leur confection défectueuse peuvent occasionner chez les jeunes chevaux dont le dressage leur est confié des blessures quelquefois inguérissables, ou du moins laissant des traces assez visibles pour que, dans l'avenir, le sujet subisse une dépréciation considérable au point de vue de la vente.

Attachant une grande importance au choix et à l'appropriation des engins, que je regarde comme étant une des causes premières de réussite dans l'éducation du cheval, et surtout afin d'éviter aux éleveurs les frais onéreux du renouvellement trop fréquent d'un harnachement dont la confection est presque toujours défectueuse, ou bien encore l'achat de plusieurs selles de différents modèles, je conseillerai beaucoup, après un usage personnel et de longue durée, la selle

« *Interchangeable* (1) » qui s'ajuste d'elle-même sur tous les chevaux, quelles que soient leur corpulence, conformation du dos, ou élévation du garrot.

Cette selle de forme anglaise et très gracieuse, a le triple avantage d'être excessivement légère, de ne jamais tourner et enfin de dépasser en solidité et élasticité tout ce qui a été fait jusqu'à ce jour, sans cependant être d'un prix plus élevé.

Sa confection soignée et surtout pratique consiste :

En un arçon léger dont une partie du bois est remplacée sur chaque côté, par une bande d'acier recouverte de cuir, qui, en supprimant surtout la pesanteur des anciens arçons, donne à la selle, non seulement la légèreté, mais encore la solidité voulue pour la rendre incassable.

De plus, deux pointes flexibles sont ajoutées aux deux pointes de l'arçon de devant ce qui lui permet de s'identifier complètement et sans aucun danger avec tous les chevaux, quelles que soient, comme je l'ai déjà dit plus haut, la corpulence, la conformation du dos ou l'élévation du garrot de l'animal.

Il y a des chevaux sur lesquels un bridon simple est un moyen insuffisant d'action, ils perdent de leur bonne position et de leur vitesse. Le mors auquel je donnerai la préférence pour le dressage, est le mors brisé à son embouchure, dont les branches sont d'une moyenne grandeur, les canons droits ou cannelés et la gourmette large et forte ; *on peut y adjoindre aussi une*

(1) Se trouve chez M. DELBURG, sellier, seul propriétaire, 49, boulevard de la Tour-Maubourg à Paris.

fausse gourmette, ce qui serait quelquefois bon pour le cheval sujet à prendre les branches entre les dents, deux paires de rênes y sont adaptées, l'une aux anneaux du banquet et l'autre à l'extrémité de la branche ; les rênes se tiennent avec les deux mains comme pour le bridon, mais elles sont séparées par le petit doigt afin de pouvoir faire agir simultanément celles des branches ou celles du banquet, selon la résistance que vous oppose le cheval ou le point d'appui que l'on veut lui donner.

Quelques écuyers rejettent la martingale comme nuisible et dangereuse, en prétendant que les jambes sont la vraie martingale et suffisent. Je suis parfaitement de cet avis ; mais alors il faut appliquer une équitation sérieuse, longue et progressive, à un cheval préparé à loisir et dans un manège couvert, ou bien avoir une force musculaire des jambes, comme quelques-uns de nos maîtres la possédaient ; mais dans le cas où il s'agit de former vite et sûrement un jeune cheval qui ne doit pas être assis ni gêné dans ses mouvements et surtout que l'on soit obligé d'en confier le dressage à des hommes qui n'ont que l'énergie et aussi peu d'habitude, l'on doit laisser ce préjugé et faire usage de la martingale à anneaux qui aide à ramener le cheval sans le gêner et lui ôter son appui sur la main.

La martingale à anneaux peut s'adapter au mors dont je viens de parler en faisant passer dans les anneaux les rênes fixées au banquet ; elle sera d'un grand secours pour les chevaux portant au vent.

CHAPITRE X

Du poids du cavalier. — Leçon du montoir. — Position de l'homme à cheval.

Malgré que l'éducation du cheval marchand consiste bien plus dans la douceur, le bon vouloir et la force, que dans un parfait dressage où la main de l'écuyer s'est fait sentir, il n'en est pas de même pour le cheval de luxe ou de guerre. Le plus important pour son dressage au montoir est le poids du cavalier, qui doit être en rapport avec l'âge, la nature et la force du jeune cheval.

Pour les premières leçons, je donnerai la préférence à de jeunes garçons de 16 à 17 ans ; ils sont généralement souples et hardis, leurs mouvements s'identifient mieux avec le cheval qui, étant moins gêné, les porte plus docilement.

La leçon du montoir réclame donc de grandes précautions trop souvent négligées ; j'ai maintes fois vu des chevaux, brusqués dans cette leçon, bondir et se défendre au montoir d'une façon très dangereuse pendant un temps indéfini.

Dans le cas où le cheval n'aurait jamais rien porté, il faudra le faire trotter à la longe avec sa selle dont on laisserait tomber les étriers pour le préparer à leur contact et à celui des jambes du cavalier. Lorsque le cheval paraîtra calme, on essayera de s'enlever dessus ce qui ne se fera pas les premières fois à l'aide de l'étrier, mais en tenant le pied du cavalier qui devra rester un instant sur les poignets ; il ne se mettra pas immédiatement en selle avant d'avoir bien préparé son cheval en recommençant plusieurs fois à s'enlever et quelquefois à se coucher sur son dos, pour l'habituer à la sensation du poids.

Le piqueur tenant le jeune cheval au caveçon le flattera de la main, étudiera ses mouvements et préviendra le cavalier pour qu'il puisse en, sautant à terre, éviter une défense et ramener le calme. Si le cheval supporte patiemment ces essais, on peut l'enfourcher doucement et se contenter de rester en place, puis on rentrera le cheval à l'écurie.

Cette leçon se continuera patiemment et progressivement pendant quelques jours sans essayer d'arriver en selle, soit en sautant, soit à l'aide de l'étrier.

Lorsque l'on aura obtenu du cheval une grande sagesse, l'on pourra à l'aide de la longe et du caveçon le mettre en mouvement sous le cavalier, puis faire usage de l'étrier pour en descendre et le monter, mais il faudra plus de tact et de prudence.

La leçon du montoir avec étriers se décompose en trois temps :

1° Mettre le pied gauche à l'étrier en l'y engageant

complètement, saisir une poignée de crins par dessus les rênes le plus en avant possible, l'extrémité des crins sortant du côté du petit doigt, puis rester un instant dans cette position, jusqu'à ce que le cheval reprenne le calme.

2° S'enlever sur l'étrier gauche tirant fortement les crins à soi en portant la main droite sur le troussquin de la selle, le corps un peu penché en avant pour empêcher cette dernière de tourner et rester un instant dans cette position afin d'habituer le cheval au poids latéralement.

3° Passer la jambe droite tendue par dessus la croupe du cheval sans le toucher, se mettre légèrement en selle en plaçant la main droite sur le pommeau, évitant de porter le corps en avant et surtout d'agiter brusquement la jambe en chaussant l'étrier droit.

Ayant complètement détaillé la leçon du montoir, je dirai quelques mots des plus importantes notions de la position du cavalier à cheval.

La position du cavalier ayant une énorme et directe influence sur les allures et la soumission du cheval, l'homme ne devra donc pas se cambrer et porter son corps en arrière ce qui l'empêcherait de se servir de ses jambes, chargerait inégalement son cheval, ne règlerait aucun de ses mouvements, ne lui transmettrait aucune action et par conséquent le laisserait libre de se défendre.

Le cavalier vraiment solide, énergique, puissant, juste et moëlleux, ne sera facile à porter que s'il est droit au centre de son cheval. Il sera donc naturellement assis, sans se cambrer ou creuser les reins ni se voûter en faisant le dos rond, ses genoux adhèreront à la selle, ses jambes alors se fléchiront sans effort derrière les sangles, ses talons seront bas et ses pieds engagés jusqu'au tiers dans les étriers, bien à plat dessus ; en un mot il aura l'air d'être à son aise.

Les étriers ne doivent être ni trop longs ni trop courts de façon à trotter à l'anglaise sans être raccroché et pouvoir au besoin prendre sur ces étriers un point d'appui énergique lorsque le cheval fait un bond de gaîté ou de défense.

La position des poignets est aussi d'une grande importance, car ils décident de la bonne ou mauvaise position de la tête du cheval ; les coudes doivent tomber naturellement sur les hanches et éviter cet affreux ballottement si commun chez les mauvais cavaliers. Les deux poignets seront soutenus sans raideur et à la même hauteur puis un peu en avant du pommeau de la selle ; les rênes devront être assez courtes pour ne pas avoir besoin de mettre les coudes en arrière au moment d'arrêter son cheval.

CHAPITRE XI.

Porter le cheval en avant, le tourner et l'arrêter par le moyen des aides en général.

Pour porter franchement un cheval en avant, il faut que les jambes du cavalier priment sur sa main et qu'au contraire, pour arrêter, la main prime sur les jambes ; mais dans les deux cas, les jambes et la main doivent avoir une action simultanée et non agir isolément.

Dans le mouvement de l'avant, les rênes doivent être tendues également, les poignets moëlleusement fixés et pas trop éloignés l'un de l'autre, en un mot les rênes doivent effleurer latéralement l'encolure.

Le défaut de la majeure partie des cavaliers est de détendre les rênes en portant les poignets en avant, faute capitale, car le cheval prend alors une direction contraire à celle que vous vouliez lui donner, part brusquement par un bond difficile à réprimer, puisque la main se faisant sentir par à-coup produira toujours un effet autre que celui proposé.

Pendant toute la leçon le cheval doit, au contraire,

être en contact constant avec la main qui lui fournira un point d'appui.

Faire changer de direction à un cheval est un mouvement qui a toujours paru fort simple au premier abord et cependant, à mon point de vue, il exige plus de soins qu'on ne se l'imagine.

Beaucoup de cavaliers, je dirai même plus d'un écuyer, ont prétendu que, pour faire, par exemple, tourner un cheval à droite, il fallait *tirer* sur la rêne droite et fermer la jambe droite ; je blâme cette théorie et dois la rectifier.

Il est aisé de comprendre que si vous *tirez* sur la rêne droite, vous arrêterez le mouvement au lieu de mettre le cheval dans la direction que vous désirez. Il faut donc non pas *tirer,* mais ouvrir ou plutôt *isoler* la rêne droite de l'encolure pour donner à la tête une position nouvelle ; la rêne gauche pendant ce mouvement lui viendra en aide en s'assurant fixement et en se portant aussi à droite ; elle aura pour effet de régler le déplacement de l'encolure qui ne ferait que de se plier sans entraîner les épaules. Cet appui de rêne sur l'encolure à gauche, la poussant vers la droite, commencera à faire connaître au jeune cheval une des actions de rênes les plus ordinaires.

L'effet que doivent produire les jambes par leur pression est de faire passer les hanches sur le même terrain que les épaules ; si donc la jambe droite agissait seule, elle ne ferait que chasser les hanches à gauche ; c'est donc la jambe gauche aidée de la droite qui devra soutenir les hanches et les activer, mais non une jambe seulement. J'engagerai donc fortement les cavaliers à relâcher le moins possible leurs jambes tant sur la ligne droite que sur le cercle pendant les premiers temps de l'éducation, car on ne peut monter sagement un jeune cheval qu'en l'enveloppant étroitement et en l'habituant aux pressions de jambes par un contact continuel ; de plus, cela est un excellent moyen pour rendre l'animal calme et attentif.

Il y a une faute grave, commise par les mauvais cavaliers, et trop généralement les grooms ou piqueurs sur laquelle j'appellerai toute l'attention de **MM.** les Eleveurs, ce sont ces *talonnements* répétés qui émoussent la sensibilité du cheval et, s'il est chatouilleux, déterminent un mouvement de queue disgracieux qui se reproduit à chaque coup de talon.

L'on doit éviter aussi de porter les jambes par trop en arrière des sangles ; cette position n'est qu'exceptionnellement employée dans une équitation avancée mais qui, avec le jeune cheval, est toujours nuisible, car le cavalier qui s'habituera à porter ses jambes trop en arrière reviendra sur l'enfourchure, perdra de sa solidité et de l'impulsion que transmet au cheval une bonne assiette.

Pour arrêter le cheval, il faut assurer sa position par une retraite de corps ou soutien du buste un peu plus en arrière qu'à l'ordinaire, fermer et assujettir les poignets pour présenter à la bouche du cheval une résistance inerte et non les retirer brusquement en arrière ; l'arrêt une fois fait, l'on doit reprendre sa première position qui n'aura dû être quittée que pour assurer la résistance et empêcher le déplacement des coudes.

Il peut arriver qu'un jeune cheval, raide, violent, égaré dans sa bouche, se refuse à l'arrêt ; il faudra alors scier du bridon, mais ce sera toujours à la dernière extrémité qu'il y aura lieu de recourir à ce moyen, dont on ne doit user qu'aprés avoir essayé de tous les autres.

On nomme aides en général, la main, les jambes, la cravache, l'appel de langue ; bref, tous les moyens les plus propres à pousser un cheval en avant, à l'arrêter, le régler, le diriger et le soumettre.

CHAPITRE XII

Trot à la Française — Trot à l'Anglaise (dit trot enlevé).

Des aides accessoires.

La position à la française est celle qui réunit le plus d'avantages puis convient certainement la mieux pour débourrer un jeune cheval et le faire trotter dans les premiers temps ; cependant une fois l'animal soumis et calme, il est préférable pour développer et régulariser son allure sans le fatiguer, de monter au trot enlevé *(dit trot à l'anglaise)* car dans le trot à la française, le cavalier ne peut éviter les déplacements et s'il n'est doué d'une souplesse de reins extrême, il se renverse, relâche ses cuisses et ses jambes ou, s'il veut s'en servir, il est obligé de rester droit en selle ; son assiette alors, subit un déplacement à chaque temps de trot, dont le cheval ressent le contre-coup, ce qui le fatigue vite ; de plus ces déplacements d'assiette se transmettent aux poignets qui n'agissent alors sur la bouche du cheval que par saccades.

Dans le trot à l'anglaise, le cavalier s'enlève à

l'aide des genoux et de ses étriers, coupant pour ainsi dire les réactions de son cheval en les amortissant. Dans ces conditions d'élasticité, l'animal portera plus longtemps et avec plus d'aisance son cavalier, qui pourra se servir puissamment de ses jambes et conservera une fixité de main que l'on ne peut atteindre en trottant à la française.

Le trot à la française peut encore être bon et je dirai même préférable lorsque, par exemple, l'on a un cheval violent ou peureux, qui exige un soutien constant du haut du corps.

Pour bien trotter et surtout facilement à l'anglaise, le point d'appui que prend le cavalier doit être partagé entre ses genoux et ses étriers, le corps légèrement incliné, car s'il restait droit, il entraînerait une contraction fatigante puis disgracieuse, et l'effort pour s'enlever serait beaucoup trop grand. On devra surtout se rendre bien compte des réactions et se laisser enlever puis retomber en mesure sur sa selle, au moment où une réaction nouvelle redonne l'impulsion.

Pour être bien placé, le sommet de la tête et le haut du corps doivent un peu dépasser la ligne d'appui, c'est-à-dire les genoux et les étriers.

On nomme *aides accessoires* la cravache et les éperons qui servent à stimuler et réveiller le cheval plus énergiquement ; l'on a tort de ne les regarder exclusivement que comme des châtiments, si l'on s'en sert avec tact, elles secondent souvent les aides premières et dans ce cas elles peuvent être mises en usage sans que le cheval mérite un châtiment.

Il ne faut employer les éperons pendant l'éducation du jeune cheval que s'il est par trop froid ou parfaitement soumis, ou bien encore, s'il a besoin d'être un peu sensibilisé; mais je n'admettrai jamais des molettes piquantes, ni des tiges trop longues; ces sortes d'engins barbares et en même temps grotesques, arrêtent et contractent le cheval au lieu de le porter en avant; l'expérience m'a démontré que, à de très rares exceptions, ces sortes d'éperons, à mollettes trop piquantes même sans longues tiges, étaient nuisibles au dressage à moins d'être portés par des cavaliers d'une grande énergie et qui ne relâchent jamais les jambes après l'attaque.

Peu de cavaliers savent se servir des éperons; ils tracassent ou piquent leurs chevaux sans que la pression de leurs jambes précède, accompagne et suivre l'attaque. Ces trois conditions sont pourtant indispensables, faute desquelles une correction tourne toujours au préjudice de l'homme et du cheval.

La Cravache doit être longue et flexible, placée dans la main droite, la mèche en bas et appuyée le long de la cuisse. On ne doit s'en servir au début que pour rendre le cheval sensible à la pression de la jambe; je préfèrerais voir encore se servir de deux cravaches comme on le faisait jadis à l'Ecole de Versailles, sous la direction du chevalier d'Abzac, et comme nous le faisions aussi à l'Ecole de Saumur; car l'action des jambes soutenues par deux coups de cravache appliqués des deux mains, porterait le cheval en avant bien plus droit et plus sûrement ; le coup de cravache doit être donné sans saccades pour la bouche et du bas du poignet.

Pour user de la cravache comme châtiment, on la prend dans la main droite, la mèche en l'air, puis on croise les rênes dans la main gauche et l'on donne, vigoureusement, en allongeant le bras, le coup de fouet derrière les sangles ; ce châtiment peut être renouvelé jusqu'à complète obéissance. Il faut surtout éviter de frapper le cheval sur la tête et n'user des moyens violents qu'après avoir épuisé toutes les ressources que peut vous offrir la patience et le raisonnement.

L'Appel de Langue est encore un moyen d'éveiller et d'exciter le cheval; mais on en fait si souvent abus qu'il manque presque toujours son effet. On peut rendre un cheval sensible à l'appel de la langue en le faisant suivre d'un léger coup de cravache derrière la botte ; l'animal finit par le craindre au point de se porter en avant.

CHAPITRE XIII

Du Reculer.

Le reculer est pour moi un exercice auquel tout cheval doit être soumis, mais il exige beaucoup de discernement, sans cela il deviendrait une défense dangereuse, s'il est mal dirigé et que l'on en abuse.

Il ne faut pas croire qu'il soit suffisant que l'animal se porte en arrière pour que le mouvement de reculer soit bon ; l'on doit surtout se préoccuper de la position de la tête, pour que les reins et les jarrets n'aient pas à souffrir sous l'action de la main. Le cheval ne peut mobiliser son arrière-main sans danger, qu'étant ramené, c'est-à-dire parfaitement équilibré ; aussi, devra-t-on attendre pour le faire reculer qu'il soit assez assoupli et baisse la tête au temps d'arrêt. Alors, les jambes du cavalier doivent donner du mouvement à l'arrière-main, la contenir sur la ligne droite et empêcher le cheval de se précipiter sur le reculer.

A la fin de chaque reprise, lorsque le jeune cheval sera bien franc aux jambes et bien en main, il sera donc bon de lui faire faire deux ou trois pas en arrière et de le reporter de suite en avant.

CHAPITRE XIV

Du Galop.
Travail sur la ligne droite.

Malgré qu'un cheval soit suffisamment dressé pour la vente, il ne serait pas inutile de développer ses moyens au galop, car le commerce des chevaux de luxe et même les Commissions d'achat de Remonte préfèrent un cheval agréable à toutes les allures et sont heureux de pouvoir l'apprécier avant de l'acheter.

Lorsque le jeune cheval comprendra bien l'arrêt et la pression des jambes, puis exécutera bien et avec calme tout le travail que je viens de prescrire, qu'il se laissera tourner à droite et à gauche, commencera à se grandir et à se cadencer dans son trot, on pourra sans inconvénient après chaque leçon le faire échapper au galop pendant quelques tours, sans s'attacher à ce qu'il parte plutôt sur un pied que sur l'autre ; mais il faudra surtout éviter d'imiter certains cavaliers sans méthode, qui cherchent à rassembler le cheval par des aides brusques et veulent le mettre aussitôt du pas au galop ; on l'arrête et il ne tarde pas à pointer ou à se défendre. L'on ne peut obtenir de résultat sérieux pour l'avenir qu'en le faisant partir en l'activant au petit trot.

Avec un cheval difficile à asseoir, il faut le pousser au bout de son trot et le laisser de lui-même prendre le galop ; s'il partait faux, il faudrait bien se garder de l'arrêter brusquement ou de vouloir le faire changer de pied en l'air, on devra au contraire le remettre au pas par degrés, le flatter, le remettre au trot de nouveau et le laisser en confiance repartir de lui-même.

Il est fort rare que, sur un cercle, un cheval qui n'est pas gêné se trompe de pied et j'ai souvent vu des cavaliers, voulant faire preuve de trop de science, paralyser les mouvements justes de leur cheval pour lui en substituer de faux.

Dès le début de cet exercice, il ne faut pas chercher à imprimer à son cheval un galop raccourci, mais le laisser se calmer et se régler de lui-même ; la nature ne tardera pas à lui indiquer le degré de vitesse en rapport avec ses moyens et il finira par prendre ce que l'on appelle le galop de chasse, qui est celui avec lequel on franchit le plus d'espace sans trop de fatigue pour l'animal.

Je ne m'étendrai pas sur la définition du cheval partant faux, juste ou désuni, car tout cavalier doit la connaître.

Je ne peux prétendre que tous les piqueurs ou palefreniers se rendent un compte exact et surtout immédiat de la justesse ou du désordre de l'allure au galop ; mais comme ils doivent travailler sous l'œil du maître, à qui il sera facile de rectifier les erreurs, je n'indiquerai seulement que les moyens les plus rationnels pour obtenir un bon départ au galop.

Si l'on n'a que médiocrement étudié le cheval, l'on doit savoir qu'en galopant il se place quelque peu obliquement de gauche à droite ou de droite à gauche, selon le pied dont il va se servir pour entamer son galop ; alors, pour enlever un cheval au galop du pied droit, il faut le placer obliquement à gauche en le poussant dans les deux jambes *(la jambe gauche un peu plus puissante que la droite)*, vous serez à peu près sûr d'obtenir un bon départ à droite.

Quelques écuyers m'ont souvent exprimé une opinion contraire à ce sujet et expliqué divers moyens plus ou moins clairs employés par eux pour le départ au galop ; je ne m'y arrêterai pas, car, pour moi, le point le plus important est de mettre le cheval, surtout au début, dans une position qui lui facilite le départ sur tel ou tel pied, plutôt que sur tel autre, et j'obtiens ce résultat si, à l'aide de la main et de la jambe primant d'un même côté, j'arrête le mouvement pour laisser le côté opposé d'autant plus libre et plus allégé.

Lorsque le cheval bien soumis aux effets de la bride sera souple et assis, il suffira alors d'une opposition imperceptible de la main gauche, pour charger cette partie et avec la pression des deux jambes le cheval s'embarquera juste au galop à droite.

Je terminerai ce chapitre par quelques mots sur le travail en ligne droite, car tout ce que j'ai recommandé précédemment dans les exercices à la longe n'avait pour but que de préparer et d'amener rationnellement le jeune cheval à marcher sûrement droit devant lui.

Le temps auquel on doit garder le poulain à la longe avant de le laisser libre n'est pas déterminé; c'est à l'écuyer de juger de ses progrès et de son caractère. Quelques semaines suffisent avec un cheval de bonne origine, élevé avec douceur, dès son enfance, par un palefrenier soigneux et intelligent; tandis qu'avec un autre poulain, au contraire, il faudra un temps indéfini pour le confirmer et le mettre sur le droit. Il arrive presque toujours que pour s'être trop pressé de lâcher un jeune cheval avant de bien connaître son caractère, on l'expose, ainsi que son cavalier, à de graves accidents, et c'est ce qui a fait dire si souvent à nos maîtres : *vouloir aller trop vite dans le dressage, c'est reculer* ; il est clairement prouvé que le résultat d'un dressage précipité n'est que *superficiel* et ne tarde pas à amener des chevaux rétifs.

CHAPITRE XV

Pourquoi l'on doit trotter les jeunes chevaux à la main.

Il y a une chose, dont Messieurs les Eleveurs ne se préoccupent pas suffisamment, qui leur nuit beaucoup, quoique cependant de la plus grande utilité pour favoriser la vente de leurs chevaux, c'est la manière de les faire trotter à la main, puis enfin de les habituer à rester calmes et à se placer pour qu'on les examine.

Ni les hommes, ni les chevaux, ne sont généralement pas assez familiers avec cet exercice, et j'ai maintes fois vu des marchands ou éleveurs, manquer la vente de superbes chevaux, parce qu'ils étaient présentés d'une façon défavorable.

Lorsque le gouvernement achète des chevaux aussi bien en Normandie que dans tout autre contrée, il les soumet toujours à des épreuves, attelés quelquefois même montés ; il est donc de toute nécessité que les éleveurs se pénètrent bien de cette condition. On comprend facilement qu'il ne suffit pas qu'un cheval porte l'homme et fasse devant l'acheteur, *moitié bon-*

dissant, moitié détraqué, une montre où le connaisseur lui-même a du mal à reconnaître le bon du mauvais.

Il serait nécessaire, pour éviter celà, qu'à la fin de chaque exercice, lorsque le cheval connaît le bridon et commence à se grandir, de le faire rentrer à l'écurie en lui apprenant à trotter brillamment pendant une centaine de pas.

Pour obtenir ce résultat, le piqueur saisira avec la main gauche l'extrémité des rênes de bridon et de la main droite il prendra à pleine main les mêmes rênes à dix centimètres de la bouche du cheval, afin de laisser à l'animal une liberté de tête qui ne devra recevoir aucune inclinaison pendant le trot.

Il est facile de se rendre compte qu'un cheval gêné est obligé de se mettre de travers ; aussi le palefrenier doit-il courir assez vite, pour que le cheval puisse se mouvoir sans contrainte et rencontrer à propos la main pour le maintenir s'il cherche à prendre le galop ou à sauter.

L'on pourra, mais sobrement, stimuler l'animal avec la chambrière, en évitant surtout de courir après lui pour ne pas lui causer d'effroi, ce qui désorganiserait son allure en la précipitant.

CHAPITRE XVI

Dressage du jeune cheval au saut de la barrière et du fossé. — Du point d'appui.

Je m'écarte certainement du but que je me suis proposé dans les chapitres précédents, en terminant ma première partie par quelques conseils sur un dressage qui ne regarde en rien l'élevage proprement dit, au point de vue commercial, ni de la reproduction ; cependant il ne serait pas nuisible aux intérêts de l'éleveur de compléter l'éducation du jeune cheval, surtout si nous nous reportons à la cause de l'incident qui fut soulevé dans le courant de juillet 1891, par M. Turgis, sénateur du Calvados, relativement à un achat de 40 chevaux, fait en Angleterre, pour les besoins de notre Ecole spéciale de cavalerie militaire. L'éleveur trouverait là je crois, un bénéfice plus considérable, puisqu'il pourrait, sans être l'objet d'une critique de la part des commissions d'achat, mettre sous leurs yeux des chevaux complètement prêts à entrer dans les rangs de notre armée et acquérir en même temps une très grande valeur auprès de certains acheteurs, valeur la plupart du temps inconnue par l'éleveur lui-même.

Il est facile, à peu de frais, de disposer pour cet exercice, un terrain convenable ou manège, long d'une cinquantaine de mètres, large de quatre environ et surtout bien sablé.

Ce manège serait bordé de lisses ou barrières d'une hauteur de 1 mètre 50 à 3 mètres, ce qui serait suffisant pour empêcher le jeune cheval de se dérober aux obstacles.

On placerait dans la longueur de ce terrain plusieurs haies en genêts flexibles, de 95 centimètres environ et de 1 mètre lorsque le jeune cheval sait déjà sauter (1). On fixera ces haies au moyen de crémaillères afin que le cheval maladroit au début, ne soit point exposé aux chutes si ordinaires, lorsqu'il veut franchir un obstacle fixe.

Le jeune cheval bien dressé au montoir, lorsqu'on voudra le faire sauter, on l'amènera avec la longe et le caveçon dans ce manège long, pour lui faire voir la haie en le flattant, puis passant de l'autre côté, on l'attirera à soi en le faisant activer par un aide, de la chambrière et de la voix. Lorsqu'il aura franchi l'obstacle, on le flattera de nouveau et l'on se contentera de deux ou trois sauts au plus pour la première fois.

(1) Cette hauteur n'est pas absolue, je laisse au tact et au savoir de l'écuyer le soin de la proportionner à l'âge et à la force du jeune cheval ; trop de hauteur le dégoûterait ou finirait par le fatiguer et l'amener au refus.

Après quelques jours de cet exercice, on pourra laisser le poulain entièrement libre dans le manège et se borner à le pousser de la voix vers la haie, il sautera sans peine en apprenant de lui-même à mesurer son élan et régler son saut selon la hauteur de l'obstacle; sitôt que l'on verra le cheval en confiance, il sera bon de l'enrêner légèrement sur le surfaix pour l'habituer à l'appui du mors pendant le saut.

On procédera de la même manière pour le saut du fossé.

Aucun travail ne fatigue plus les membres du cheval et ne les use plus prématurément ; aussi l'écuyer ne doit pas en abuser surtout si l'animal y montre de la franchise et de la bonne volonté ; c'est à son tact et à son expérience à en régler la durée.

Le cheval ne se défend généralement que par gêne lorsqu'on veut l'aider, si même il cède après une lutte, c'est presque toujours maladroitement et avec violence ; alors le saut présente de grands dangers pour l'animal, car il ne tarde pas à développer en lui des tares et à amener des défenses sérieuses ; tandis qu'un cheval, au contraire, qui aura appris à sauter libre, franchira aisément l'obstacle au début, surtout avec un poids léger, sans la moindre sollicitation de son cavalier, qui n'aura qu'à affermir sa position et éviter de s'attacher à la main et à soutenir son cheval au moment où il retombe.

Je trouve par une expérience faite sur plusieurs catégories de sujets et malgré certains écuyers, qu'il est plus souvent dangereux que nécessaire d'essayer d'enlever son cheval au moment du saut. Le meilleur cavalier ne peut répondre d'être toujours juste dans ses effets de main et de ne pas contrarier l'animal dans le mouvement au lieu de le seconder ; c'est donc au cheval à juger du moment où il doit marquer son temps d'arrêt et son élan.

Je suis persuadé, qu'avec un jeune cheval bien exercé, d'abord en liberté et sur des obstacles qu'il doit parcourir, il sera préférable de tendre les rênes également en les tenant à deux mains et en donnant un appui à la bouche, de se servir de ses jambes et de l'amener posément sur l'obstacle sans se servir de l'éperon et de la cravache (1).

Il peut arriver cependant que l'on ait affaire à un sujet froid et peureux ; il faudrait alors l'amener vigoureusement sur l'obstacle en s'aidant de l'éperon et de la chambrière, mais ce cheval sera dangereux pour son cavalier et n'aura que peu de chances de succès pour l'avenir.

Comme j'ai souvent parlé dans cette première partie du point d'appui, je dirai que l'on obtient ce résultat (*que je regarde comme fort utile en équitation*), en laissant le cheval s'appesantir sur la main tout en se portant énergiquement en avant.

(1) Ce mode de dressage est celui dont se servent généralement les Anglais, lorsqu'ils veulent préparer leurs chevaux de chasse aux divers obstacles qu'ils doivent rencontrer.

Pour obtenir ce point d'appui, on assure la main en fermant les jambes derrière les sangles ; le cheval ne tardera pas alors à se mettre en contact avec son mors, puis à s'appuyer et même à tirer un peu sur la main, qui ne devra pas céder, mais devenir d'autant plus ferme que le cheval tirera davantage.

DEUXIÈME PARTIE

—

Du Cheval difficile à dresser par vice de conformation, ou devenu rétif par une mauvaise éducation.

Avant-Propos

Avant de commencer cette Deuxième Partie, je recommanderai tout particulièrement la façon dont doit être donnée la correction à laquelle l'on est si souvent obligé de recourir lorsqu'il s'agit de réprimer, ou le plus ordinairement, de réformer des caractères devenus vicieux par le mauvais élevage et une éducation maladroite.

Si l'on veut user de la correction avec profit pour le présent et surtout pour l'avenir, il faut qu'elle soit sévère et calme. Lorsqu'on se sert de l'éperon, il ne faut jamais relâcher les jambes après l'attaque, et si l'on fait usage de la cravache, il faut que le coup soit appliqué sec et, pour arriver juste, que le mouvement du poignet soit saccadé.

Il ne faut, en aucun cas, céder au cheval qui se défend, mais l'on doit toujours le carresser s'il obéit; il n'existe pas, j'ose l'affirmer, de chevaux naturellement vicieux, mais il y en a qui sont plus ou moins impressionnables, ou plus ou moins susceptibles d'être irrités par un emploi trop brutal des aides et auxquels, par conséquent, il faut des cavaliers ou dresseurs plus ou moins fins. Cette impressionnabilité ou susceptibilité se développe chaque jour à pas de géant et dégénère en habitude, si l'on ne parvient à les anéantir dès le jeune âge.

Cette rétivité ou méchanceté peut être attribuée à deux causes :

1° *Mauvaise conformation de l'animal et, alors, souffrance dans l'ensemble ou dans l'une de ses parties.*

2° *Education mal dirigée, parce que l'on aura exigé du jeune cheval plus que son âge et sa force ne le comportent.*

« Un de nos maîtres, M. Baucher, nous a « souvent répété : que toutes les résistances « des jeunes chevaux proviennent, en pre- « mier lieu, d'une cause physique et que cette « cause ne devient morale que par la mala- « dresse, l'ignorance ou la brutalité du ca- « valier. »

Lorsqu'un cheval est devenu vicieux par la faute du cavalier précédemment chargé de son éducation, il est nécessaire, si l'on veut lui faire perdre ses mauvaises habitudes, de recommencer son dressage et de s'attacher d'abord et tout particulièrement, quels que soient ses vices, à le soumettre progressivement aux aides et à le familiariser à nouveau avec tous les exercices qui font l'objet de ma PREMIÈRE PARTIE. L'Eleveur prouvera ici son tact, en graduant ces exercices selon les dispositions particulières du sujet, ne lui demandant le mouvement qu'il refuse d'exécuter, qu'après lui avoir fait répéter tels autres qui doivent le disposer à celui-là, et, dans ce cas, un éleveur ou dresseur habile sentira, mieux que personne, s'il doit mener son dressage promptement ou s'il doit agir avec une sage lenteur.

Si le cheval rétif ou vicieux a appris à connaître les aides et qu'il refuse d'obéir par caprice *(ce qui devient vite une habitude)*, il faut l'y contraindre énergiquement et au besoin employer la correction.

On peut obtenir une cure complète des mauvaises habitudes contractées par un cheval, lorsqu'il est jeune, ou que ces mauvaises habitudes ne datent pas de longtemps, mais si elles sont invétérées, *jamais*.

Je m'expliquerai cependant : Si vicieux que soit un cheval, il est certain qu'il pourra toujours être dressé par un écuyer habile ; au bout d'un temps plus ou moins long, il sera même parfaitement soumis et docile sous cet écuyer ; mais, lorsqu'il sera remonté par un cavalier moins expérimenté, il reprendra bientôt ses anciennes habitudes et tout le fruit de son dressage sera perdu pour tout autre que pour son dresseur.

En principe, les jeunes chevaux devraient toujours être débourrés par des cavaliers fins, on n'est jamais trop habile pour donner les premières leçons à un poulain. Je trouve donc une erreur profonde de les faire débourrer par des grooms ou des garçons de ferme ; c'est là souvent, je peux dire même assurément, la cause de bien des résistances qui se produisent par la suite.

CHAPITRE I

Du lever des pieds, manière d'adoucir les chevaux difficiles.

Etablissant en principe qu'il faut, pour dresser un cheval, douceur et sévérité, mais que cette dernière doit être graduée puis réglée par l'étude faite du sujet qu'on se propose de dresser, l'expérience ayant aussi démontré que la douceur et la patience triomphent presque toujours ; que lorsqu'on demande bien on obtient, et qu'en fixant l'attention de l'animal, il ne songera pas à se défendre, je citerai un *extrait* de la méthode BALASSA, préconisée et augmentée de conseils pratiques par un de nos anciens maîtres, ex-officier de cavalerie hongroise et professeur à l'Ecole des Haras. (1)

« Supposons donc un cheval ou un poulain auquel « on n'ait jamais levé les pieds, et qui soit d'un « caractère irritable et violent ; nous devons au bout « d'une heure, l'avoir maitrisé, calmé par la douceur

(1) Comte F. de Montigny.

« et la rigueur combinées, sans avoir eu recours aux « moyens violents et nous être exposé au moindre « danger.

« Après avoir mis un bridon dans la bouche du « cheval, et lui avoir convenablement ajusté le cave- « çon, on se place devant lui, en tenant le bridon « dans la main gauche et la longe du caveçon dans « la droite. *(Cette longe sera courte pour être d'un « maniement plus facile.)*

« On choisira un endroit isolé, une cour ou petite « écurie par exemple.

« On s'étudie d'abord à le regarder fixement, et, « s'il secoue la tête, on la ramène droite à l'aide du « bridon d'abord, et ensuite du caveçon par une légère « saccade, en lui disant les mots : OH. LA ! d'un ton « doux ou ferme, selon que le cheval semble irritable « ou de mauvais vouloir. Si le cheval est craintif, « n'élevez pas la voix ; s'il est violent, donnez momen- « tanément à votre regard une grande énergie, en « même temps qu'à votre commandement. Sitôt que « le cheval sera plus calme et plus attentif, passez le « caveçon dans la main gauche, et commencez à le « flatter sur la tête en appuyant la main sans cha- « touillement et sans défiance. Etendez ces caresses « de proche en proche jusqu'aux oreilles et au toupet, « et accompagnez-les de mots prononcés d'un ton doux « et d'une expression calme de physionomie. Pré- « sentez à l'animal quelque chose qu'il aime, tel que « sucre, carottes, etc. Si, malgré l'emploi des moyens « doux, ou même d'un son de voix sévère, il reste

« indocile ou inattentif, vous pouvez accompagner les « mots : Oh là ! dits avec colère, d'une saccade de « caveçon modérée, qui lui fera connaître la puissance « que vous avez sur lui, tellement que le son de la « voix lui rappellera ce qu'il doit craindre et lui fera « apprécier la manière différente de vos mouvements « et du son de votre voix.

« Je résume l'idée de ces préambules de dressage « en disant qu'ils sont destinés à identifier l'animal « avec votre pensée, et à vous faire promptement « apprécier à vous-même son degré d'irritabilité et « d'intelligence.

« Pour procéder au lever des pieds, vous choisirez « un aide intelligent et fort, et l'ayant fait approcher « du cheval doucement, dans la direction de l'épaule « gauche, vous faisant face, vous lui direz : *(après « avoir observé, au regard et au mouvement d'oreilles « de votre cheval s'il médite une défense,)* de placer sa « main droite près du garrot ou elle devra rester « fermement appuyée. Il est entendu que si le cheval « était sorti de son calme, il faudra, avant d'aller « plus loin, le replacer, car je ne saurais trop le « répéter, c'est sur la soumission et l'attention absolue « que sait imprimer l'homme qui tient le caveçon, « que se base le résultat prompt et sûr qu'on se pro- « pose. Nous avons laissé l'aide appuyé de la main « droite sur le garrot ; il placera la gauche près de « celui-ci, et essayera de la descendre doucement et « peu à peu, en la laissant glisser, sans caresser ni « chatouiller le cheval, dans la direction de l'épaule,

« progressivement jusqu'au genou. S'il arrive un point « où le cheval commence à s'irriter, il faudra, sans « aller plus loin, fixer et appuyer la main, attendre le « calme et descendre plus bas. Les chevaux ne tardent « pas, par ce système, à laisser descendre la main « jusqu'au paturon, que l'aide, de cette même main « gauche (*le pouce en avant et les doigts du côté du « fanon)*, saisira doucement, et tâchera, en le sou- « levant du sol, de porter en avant, et non de le « fléchir, comme on le fait généralement. Ce premier « résultat obtenu, il faudra doucement reposer le pied « pour recommencer trois à quatre fois ce premier « temps avant de passer au second, qui consistera à « saisir le pied déjà habitué à se lever (*le pouce en « dehors et les doigts en dedans*), et à le ramener en le « pliant sous le coude, en faisant en même temps un « demi-tour à droite, reprenant le pied gauche comme « pivot, et en ramenant le pied en arrière et par la « même ligne que le gauche. La main droite saisira, « immédiatement le paturon que n'aura pas lâché la « main gauche, et les pouces des deux mains vien- « dront se croiser l'un sur l'autre et assurer immuable- « ment la position du membre.

« On ne doit pas oublier qu'avant de procéder au « lever du pied, le cheval doit être carrément placé « et que l'appui de la main sur le garrot a pour but « entre autres, de pousser le poids du cheval à « à droite, afin de faciliter l'enlèvement du pied. « L'aide, selon la taille du cheval, devra baisser ses « mains et s'*écraser* dans sa position en se fendant,

« pour éviter de contraindre longtemps le cheval dans « une position impossible.

« Il sera procédé à l'égard de l'autre membre an- « térieur avec les mêmes précautions, et en chan- « geant seulement la main qui prend l'appui.

« Il y a des chevaux qui frappent du devant, et ce « sont les plus dangereux pour celui qui tient la « longe. Il sera bon, en se tenant sur ses gardes, « d'avoir la longe un peu plus longue dans la main, « et d'étudier les moindres mouvements des oreilles. « Ces sortes de chevaux réclament plus de sévérité, « et l'on est souvent obligé de les baisser par de lon- « gues promenades ou du trot à la longe pour s'en « rendre entièrement maître.

« Nous avons vu que le lever du pied antérieur « s'obtenait en le décomposant en deux temps. Le « premier qui consiste à le porter en avant, le se- « cond à le plier. Pour les membres postérieurs, « on suivra la même marche, sans doute, mais on « devra se placer différemment. Ainsi, pour lever le « pied postérieur gauche, l'aide appuiera la main « gauche sur les reins, puis la droite parcourra dou- « cement toute la région de la croupe pour descendre « jusqu'au jarret, ou généralement elle devra s'arrê- « ter, parce qu'il est peu de jeunes chevaux qui « souffrent patiemment le contact soutenu de la main « dans cette partie de la jambe. Arrivé au paturon, « la main devra être tournée les doigts en dehors, le « pouce en dedans, et assurer dans le premier temps « le membre sous le corps du cheval, à quelques

« centimètres de terre. Au second temps, au contraire, « les doigts devront être tournés en dedans, le pouce « en dehors, et, saisissant le moment où le cheval « lève le pied, il faudra plier le paturon en rame- « nant le boulet sous le ventre du cheval, pendant « que le pied gauche de l'homme s'avancera pour « fournir sur la cuisse un point d'appui à la jambe « du cheval. La main gauche viendra aussitôt secon- « der la droite et assurer la position du pied. Il fau- « dra pour plus de réussite, rester longtemps sur le « premier temps et ne se hasarder à mettre le pied « sur la cuisse que lorsque l'animal sera extrême- « ment calme. Il ne faudrait point, en commençant, « l'assujettir trop longtemps dans chacune des posi- « tions, mais y revenir souvent et plusieurs fois dans « une même journée. On essayera ensuite de frapper « sur le sabot avec un maillet, et au fur et à mesure « que la confiance augmentera, on exécutera le lever « du pied en un temps, avec plus de vitesse et moins « de précautions, abordant immédiatement la jambe « où on veut la saisir pour élever le pied.

« J'ai vu en Hongrie, où la cavalerie si renommée « se remonte presque entièrement de chevaux russes, « pris au lacet à l'état sauvage, j'ai vu chaque jour, « dis-je, mettre ce système en usage et obtenir des « résultats constants avec moins d'accidents qu'il n'en « arrive chez nous, tant aux hommes qu'aux chevaux. « C'est donc sur l'expérience acquise que je m'appuie « pour préconiser une idée qui, sans cela, pour être « logique, n'en porterait pas plus avec elle une con-

« viction suffisante pour triompher des préjugés et de « la routine depuis si longtemps enracinés chez « nous. »

Avant de démontrer les moyens à employer pour éviter une des défenses (*l'acculement*) que je classe dans les plus dangereuses, je rappellerai en quelques mots, ce que j'ai dit au CHAPITRE VII (1re *partie*) sur l'importance que l'on doit attacher à la position de la tête.

L'expérience me prouve plus que jamais aujourd'hui que pour avoir une solution prompte et sérieuse dans le dressage du cheval difficile ou devenu rétif, il faut avant tout obtenir une bonne position de tête en combattant la raideur des muscles de l'encolure par des assouplissements, et la mobilité de la mâchoire par des flexions.

Par ces moyens, l'on arrivera certainement à une mise en main brillante qui se témoignera par un mâchement du mors imitant le cliquetis des armes.

Je ne prétends rien inventer de neuf en affirmant que le degré d'élévation ou d'affaissement de l'encolure modifie l'organisme du cheval au point de régulariser ou de paralyser les allures, puis je n'ose croire qu'il existe un homme de cheval qui ne sache que l'animal qui porte au vent se met sur les jarrets, par conséquent sur les reins et qu'il se fatigue promptement ; que celui qui s'encapuchonne ou s'enterre, met sur son avant-main un poids énorme, nuisible à son élégance, à sa vitesse et surtout à la sûreté de ses mouvements.

Je demande donc à Messieurs les Eleveurs de bien se pénétrer de ces conditions, puis de les regarder surtout comme la base fondamentale de tout dressage raisonné en général et en particulier pour le dressage des chevaux dont je vais m'occuper.

CHAPITRE II.

Du Cheval qui s'accule.

Un cheval s'accule l'orsqu'il refuse d'avancer, récule où s'arrête court, autrement dit dès qu'il dispose de son impulsion contrairement à la volonté du cavalier.

Cette résistance provient :

1° De l'ignorance des aides ;

2° De faiblesse ;

3° Parcequ'il a été débourré par un maladroit.

Dans le premier cas, le meilleur remède consiste à commencer son dressage par des pas de côté pour lui faire comprendre la puissance impulsive des jambes ; au début il sera bon de lui faire exécuter ces mouvements à la cravache, le cavalier étant à pied. Dès qu'il se soumettra sans résistance (*ce qui ne sera pas long, si l'écuyer est habile*), celui-ci se mettra en selle pour recommencer ces exercices en se servant de ses jambes puis s'aidant de la cravache.

Il faut avoir soin de ne pas insister trop longtemps sur ce travail et de l'entrecouper de marches fréquentes au pas et au trot sur la ligne droite pour ne pas rebuter son élève, qui se montrera d'autant plus franc qu'elles seront pour lui une récompense.

L'acculement est dû quelquefois à une cause physique ; on l'attribue généralement à une souffrance dans les reins et les jarrets ou bien encore dans l'avant-main.

Dans le premier cas, le cheval s'accule parce que son arrière-main ne peut donner facilement l'impulsion ; dans le deuxième, parce qu'il cherche à soulager son avant-main en reportant son poids sur l'arrière-main, autrement dit parce qu'il ne peut s'étayer avec assez de force pour reculer sur ses membres antérieurs.

S'il a été débourré par un maladroit, il devient rétif puisqu'il s'obstine dans sa résistance ; dans ce cas, il faut toujours agir de la même manière, mais en le corrigeant à propos par un *pincé* énergique de l'éperon s'il ne cède pas à la jambe pour les pas de côté, et par le *pincé* non moins énergique des deux éperons, juste au moment où l'on veut lui faire prendre la ligne droite.

Après cette leçon bien donnée, il suffira presque toujours, lorsqu'il se disposera à s'acculer, de *pincer* ferme des deux éperons, en appliquant aussitôt et vivement un maître coup de cravache à gauche et à droite derrière les jambes, *Ping ! V'lan !* ce qui le mettra inévitablement en marche ; l'on devra surtout avoir soin, si l'animal se portait brusquement en avant, de ne point le retenir.

Avec tous les chevaux qui tiennent aux jambes, il ne faut pas hésiter (*même s'ils ne sont pas acculés*), à leur donner cette leçon pendant deux ou trois jours, car, par ces moyens, l'on arrivera à remettre le cheval sur la main, en le rendant sensible aux jambes et l'on ne trouvera plus de difficultés dans la suite du dressage.

J'appellerai surtout l'attention de Messieurs les Eleveurs sur une cause peu souvent signalée, produisant l'acculement chez les jeunes chevaux :

Si l'on voit quelquefois les jeunes chevaux s'acculer, c'est tout simplement parce que, étant poulains, on leur laisse prendre l'habitude de reculer en les menant en main.

La résistance n'est pas grave par elle-même car, dès que l'animal connaîtra les aides elle disparaîtra complètement, mais si par malheur, en commençant son dressage, un écuyer impatient où brutal voulait agir avec ce jeune cheval comme avec un cheval rétif, il l'exaspérerait tellement qu'il ne tarderait pas à le rendre peut-être méchant, du moins vicieux, je dirai même assurément, pour être plus logique, complètement rétif.

En un mot, l'acculement étant le principe et la cause de toute défense, j'insisterai pour que tout bon éleveur, avant toutes choses, s'attache à rendre ses chevaux francs, c'est-à-dire à leur conserver le principe instinctif d'impulsion qui les porte à aller droit devant eux sans hésitation, crainte ou violence, car un cheval qui ne se retient pas ni ne s'accule, est à demi dressé, et il ne sera jamais dangereux à monter.

CHAPITRE III.

Du cheval qui pointe ou se cabre.

Cette défense provient généralement d'une première éducation mal dirigée, puisque pour pointer, le cheval s'accule et se retient par la seule cause qu'il a été trop assis.

Les Cavaliers ou Piqueurs qui manquent d'énergie, de décision ou de puissance de jambes, sont seuls fautifs, parce qu'ils s'attachent trop à la main et arrêtent continuellement l'impulsion instinctive des chevaux qui leur sont confiés, ce qu'ils ne peuvent dans la suite faire renaître.

C'est une défense grave et dangereuse que l'on doit éviter ; pour cela, il faut chercher d'abord à rendre au cheval la crainte des jambes, charger son avant-main en abaissant son encolure (1).

Je puis dire avec raison, je crois, que si un cavalier avait les jambes assez fortes pour porter tous les

(1) On pourrait pour cela se servir de la martingale à anneaux, mais elle deviendrait dangereuse sans produire aucun effet satisfaisant, à moins d'être confiée à un écuyer parfaitement habile et possédant surtout une grande puissance de jambes.

chevaux en avant il n'existerait jamais de défense, car pour qu'un cheval pointe, se cabre, rue ou bondisse, il faut qu'il s'arrête peu ou beaucoup afin de changer ses aplombs pour prendre ensuite son point d'appui d'arrière en avant ou d'avant en arrière.

En un mot, le défaut de jambes et le trop de main sont la seule cause de toutes les difficultés que l'on rencontre et qui entrave le dressage. Je ne saurais donc trop recommander aux cavaliers qui veulent se charger de la mission importante et délicate du dressage, de chercher à développer soigneusement la force de leurs jambes en s'attachant aussi à diminuer la force de leurs mains.

CHAPITRE IV.

Du cheval difficile au montoir. — Du cheval peureux.

Il arrive malheureusement trop souvent qu'un cheval nerveux s'effraye au moment où le cavalier met le pied à l'étrier et plus encore lorsqu'il ressent la première impression de son poids.

J'ai dit et je le répète à nouveau, on ne saurait trop prendre de précautions dans les exercices que l'on exige du jeune cheval, surtout pour le seller et le monter, car sans ces précautions, l'animal se livrerait presque toujours à des bonds, gagnerait la main de l'homme qui le tient, désarçonnerait son cavalier et deviendrait tellement difficile au montoir que souvent l'on serait obligé d'avoir recours aux moyens les plus violents pour le contraindre, tels que les coups de cavéçon, entraves, etc., avec lesquels on l'épouvante et l'exaspère sans le dresser.

Le meilleur moyen à mon avis pour obtenir le plus facilement et le plus sûrement un résultat *(c'est celui qui m'a le plus souvent réussi)* est de placer le cheval devant un pilier fixé en terre dans le manège, de l'y amener aussi près que possible en s'aidant de la longe et du caveçon tout en le caressant ; puis de faire ensuite à la longe deux tours sur la tête du pilier *(sans faire un nœud)* de façon seulement à ce que l'homme le plus faible devienne plus fort et à même de résister aux violences de l'animal.

Il arrive cependant qu'au moment où l'on voudra approcher le cheval pour le seller ou le monter, il tirera au renard, mais ses efforts seront impuissants et sans danger, si la tête est très près du pilier, la résistance sera donc alors vite combattue et l'animal ne tardera pas, si la leçon est donnée avec douceur à se laisser seller et enfourcher. Il est facile à comprendre que le cheval se trouve absolument impuissant pour frapper du devant, bondir ou se renverser. Le piqueur tenant la longe aura soin de lui caresser la tête et lui parler en le regardant. (1)

Il dépend beaucoup du dresseur de diminuer la crainte instinctive de l'animal, comme aussi il peut de beaucoup l'augmenter par sa négligence ou brusquerie, car la peur chez le jeune cheval peut amener la défense.

Il faut surtout éviter au cheval peureux tous les mouvements brusques, les châtiments et n'arriver que très doucement et par degrés à tout ce qui peut lui causer de l'effroi. *Jamais la rigueur n'a guéri la peur.*

Il se peut très souvent que le jeune cheval échappe

(1) Je recommande aussi l'emploi de ce pilier pour le jeune cheval que l'on veut habituer au harnais lorsqu'on se défie de son caractère.

au cavalier par un *tête-à-queue* ou demi-tour brusque dont il prendrait l'habitude, *si on ne le ramenait immédiatement du côté opposé :*

EXEMPLE : Mon cheval se dérobe à droite, ce n'est pas par la rêne droite que je dois le ramener sur l'obstacle, mais bien par la rêne gauche, sans cela ce serait lui céder et lui laisser prendre l'habitude d'une défense que je considère comme une des plus mauvaises.

S'il faut une grande justice et douceur avec le cheval, l'on doit aussi, au besoin, être sévère, imprimer sa volonté et arrêter dès le début tout ce qui peut donner lieu à la rétivité.

CHAPITRE V

Du cheval difficile à dresser par vice de conformation. — Encolures et têtes défectueuses; cheval portant au vent. — De l'encolure courte et épaisse.

Je m'efforcerai dans ce chapitre d'être aussi clair que possible en détaillant et définissant les difficultés que l'on pourra rencontrer dans le dressage du cheval mal conformé.

Cependant, je dois convenir avant tout, que ces difficultés réclament de la part du piqueur ou dresseur plus de tact et de raisonnement qu'on n'est en droit d'en exiger, puisque malheureusement en France, il n'existe pas d'école où la théorie de l'équitation et du dressage soit simplifiée et mise à la portée de tous.

Les moyens à employer dont je vais parler, quoique un peu difficiles dans bien des circonstances, exigent surtout de la patience ; l'on ne devra donc pas se laisser décourager ou abandonner la nature à elle-même, sans chercher à la seconder et à la rectifier puisque quand même le résultat serait incomplet, l'on y trouverait toujours une amélioration considérable.

Etant convenu qu'une encolure longue et flexible est une qualité chez le cheval de selle, parce qu'elle lui facilite ses mouvements, qu'elle règle avec plus de justesse, une encolure grêle, fausse, mal dirigée (*un cou de hache ou de cerf par exemple*), est au contraire la cause de grands désordres, regardés quelquefois à tort, par certains écuyers, comme insurmontables, surtout lorsque la tête mal attachée et la ganache trop étroite rendent le ramené difficile.

Il faut plus que jamais procéder d'une manière méthodique avec un cheval construit de cette façon, car alors il est promptement usé, se fatigue et écrase son arrière-main sous les efforts impuissants du cavalier ; l'on peut remédier à ce mal et le rendre propre au service de la selle en prenant l'animal fort jeune.

Le cheval présente dans sa tête et son encolure *trois* sortes de résistances qui sont :

1° Poussée contre la main de côté ou latéralement.

2° Elévation trop haute de sa tête pour se soustraire à l'action de la main.

3° Abaissement de la tête pour arracher les rênes ou prendre un appui violent qui le soulage momentanément.

Dans ces trois cas, il est facile de comprendre que le travail fait sur place des assoupplissements dont j'ai parlé (1re *partie*), comme utiles au cheval le mieux conformé, le sera bien davantage encore pour celui auquel l'on est obligé (*il faut le dire*), de donner une position factice.

Je parlerai ici du cheval tendant à résister en mettant la tête de côté ou en l'élevant tellement qu'il est impossible au cavalier de le conduire sans grands dangers, puisqu'il n'a aucune puissance sur lui. (*Un cheval portant bien au vent, se jettera dans n'importe quel obstacle sans que l'on puisse l'en empêcher.*)

La première flexion, celle dont j'ai parlé au CHAPITRE VIII (1re *partie*), pour préparer le jeune cheval à la longe, est excellente dans ce cas, mais il sera bon d'y mettre plus de soin et d'exiger surtout une soumission plus parfaite.

Dans la seconde flexion, on devra s'attacher surtout à l'abaissement de l'encolure et combattre principalement les contractions par lesquelles le cheval sortant de la main élève la tête en renversant son encolure en arrière.

Dans ce cas, le cavalier se placera à l'épaule gauche du cheval et croisera les rênes de bridon sous la barbe, de façon que la rêne gauche soit dans la main droite et la rêne droite dans la main gauche. Ainsi placé, les mains devront exercer une traction en sens inverse en produisant sur la mâchoire une compression qui fera abaisser l'encolure autant que l'on voudra.

L'on doit procéder à cette flexion d'une manière progressive, mais insister sur la tension des rênes, jusqu'à ce que l'on ait obtenu une petite concession dont on devra se contenter d'abord, puis l'on flattera le cheval comme récompense de sa soumission.

Il est évident que, pendant les premiers temps, le cheval éprouvera une gêne inconnue qui le fera résister quelques minutes, mais bientôt la fatigue le faisant céder, il ne tardera pas à comprendre l'effet des rênes, puisqu'il trouvera en récompense le relâchement immédiat de la main, et dans la suite il cédera sans attendre la pression.

Un travail de deux ou trois jours est généralement suffisant, mais si l'on veut arriver à un bon résultat, il faudra, pendant ce temps, éviter de monter le cheval et le promener seulement en main (1).

Lorsque l'on aura jugé le cheval assez sage pour être monté, il serait préférable de le faire en se servant d'un double bridon dont une paire de rênes serait consacrée à la martingale à anneaux qui maintiendrait une bonne position de tête, sans que l'on ait à craindre de rejeter le poids de l'avant-main sur les reins. La monte se fera au pas et au petit trot, afin que le cheval dont l'encolure a présenté ces difficultés puisse s'équilibrer de lui-même.

Il peut arriver aussi qu'en marquant un arrêt, l'on trouve chez le cheval une tendance à sortir de la main, il faut alors fixer cette main (*sans rendre*), abaisser les poignets en faisant primer la martingale et attendre que le cheval reprenne sa position, ce qui ne sera pas long si le cavalier n'est point trop lourd et surtout (comme je l'ai déjà dit), s'il se sert de ses jambes pour préparer ses temps d'arrêt. Le cheval a surtout besoin d'être énergiquement contenu dans son arrière-main pour soulager ses reins, en un mot, il faut tou-

(1) Pour compléter la leçon, il serait bon chaque jour, pendant une heure ou deux, d'enrêner le cheval avec l'homme de bois ou à son défaut sur un simple surfaix, afin de le confirmer dans sa position nouvelle et l'habituer à goûter le mors.

jours charger la partie la plus forte pour soulager l'autre.

Il est nécessaire, avec le cheval qui souffre et a besoin d'être lentement et longuement préparé dans ses mouvements, de prendre en considération le poids du cavalier.

Plus une encolure est musculeuse et épaisse plus aussi ses contractions neutralisent les effets de la main; l'encolure courte et épaisse présente deux natures de résistance :

1° L'affaissement complet.

2° La roideur.

Dans le premier cas, le cheval est lourd à la main, se fait entièrement porter par son cavalier et en devient maître, à moins que l'écuyer n'ait recours à ces mors puissants et à longues branches que je condamne absolument, car ils ne rendent pas le cheval plus léger mais ils lui brisent les jarrets, et d'un cheval déjà désagréable, *on fait une rosse.* Le seul moyen, pour le cheval ainsi construit, est encore de faire usage des flexions d'élévation à l'écurie dont j'ai déjà parlé au Chapitre viii (1re *partie*), en y ajoutant un enrênement élevé au moyen de l'homme de bois; il faut se garder surtout, si le cheval est sujet à s'encapuchonner, d'éviter les flexions latérales qui ne pourraient que diminuer encore le peu de soutien dont l'encolure est douée.

Une faute souvent commise par les écuyers eux-mêmes, c'est le trop de mobilisation des hanches avant de s'assurer de la parfaite soumission du cheval dans ses mouvements simples. Il y en a qui demandent *(j'ose à peine le dire)*, des pas de côté à un cheval sachant à peine tourner à droite ou à gauche, puis s'arrêter sans bourrer à la main.

Le véritable homme de cheval, au contraire, s'attache à établir un rapport aussi parfait que possible entre les deux extrémités de son cheval et par conséquent à ne pas assouplir l'une aux dépens de l'autre, à moins que, comme je l'ai déjà dit, cela ne soit nécessaire pour surcharger la partie forte au profit de la partie faible.

Dans le cas on l'on trouverait une encolure courte mais relevée, le seul espoir de pouvoir parvenir à remédier à ce défaut serait : l'homme de bois, les flexions croisées et latérales, puis enfin l'usage d'un mors à branches un peu plus longues (1).

(1) Dès le début, il y en a qui préfèrent quelquefois se servir de la martingale à anneaux, mais il est presqu'impossible que ce cheval soit amené dans une bonne position à l'aide d'un simple bridon.

CHAPITRE VI

Cheval faible de reins. — Défenses qui peuvent résulter de cette faiblesse.

Les défauts de conformation sont toujours la source d'une foule de défenses qui amènent promptement l'usure, donc, de tous les chevaux soumis à un dressage intelligent, il n'en est pas qui méritent plus d'attention que ceux chez lesquels l'on remarque de la faiblesse ou trop de longueur de reins.

Si la nature n'a point secondé l'éleveur, il faut qu'il remédie au mal par une bonne nourriture, puis exerce et ménage d'une façon intelligente et raisonnée l'animal qui, quoique mal construit, pourra rendre malgré tout de bons services.

Le cheval faible de reins, porte par habitude la tête très haute pour deux causes : soit que le poids du cavalier en pesant sur la région dorsale réagisse sur l'encolure, ou que l'animal veuille se soustraire aux effets de la main, ces deux causes produisent un effort douloureux pour les reins. Il arrive généralement que le cheval rue et conserve ce défaut jusqu'à ce qu'une main habile ait baissé sa tête, soulagé ses reins et ramené les hanches près du centre.

Il faut pour ce cheval un affaissement suivi d'encolure (*l'on peut faire au besoin usage de la martingale*) et un cavalier léger qui ne devra jamais le trotter qu'à l'anglaise, peu le galoper et surtout l'asseoir en le rendant franc aux jambes sans user de l'éperon, mais de la cravache.

La même façon d'agir et un même poids sont indispensables pour le cheval portant en lui le germe de toutes les défenses, si l'on veut de la soumission et surtout éviter les accidents.

Avec un cheval qui s'affaise et s'appuie sur la main pour se soulager, il n'y a pas beaucoup de remèdes, pusique en le relevant on ne peut que le faire souffrir davantage ; il faut donc mieux abandonner son dressage à la selle et le mettre au trait, car attelé à une voiture legère, il peut encore rendre de bons services sans trop de fatigue.

Par l'abaissement de l'encolure et l'application de tractions énergiques au moyen de la longe et du caveçon, je suis parvenu à corriger un magnifique cheval de pur-sang arabe, qui se renversait aussitôt que je me mettais en selle.

Lorsque l'on a surtout affaire à un cheval faible des reins, c'est une faute très grave que de lui tenir la tête haute au moment du montoir, il n'en faut pas davantage pour lui donner de l'humeur ; l'on doit au contraire baisser autant que possible la tête du cheval souffrant. (1)

(1) Il faut employer ce moyen avec tous les chevaux en général.

CHAPITRE VII

Cheval devenu rétif par mauvais dressage.

Je ne veux pas parler dans ce chapitre du cheval dont la rêtivité est invétérée, c'est surtout du jeune cheval et de ses premiers indices de rêtivité.

Le cheval devenu difficile par un mauvais dressage se retiendra aux jambes, reculera, ruera ou pointera si on l'attaque, ou bien encore ne voudra pas quitter l'écurie, il ira même jusqu'à essayer de démonter son cavalier ; tout cela vient pour moi d'une même source : *l'acculement ;* c'est donc lui qu'il faut déraciner.

A la première défense sérieuse d'un cheval, si l'éleveur en surveille lui-même le dressage, il devra faire cesser tout travail et reprendre l'éducation entièrement par le commencement, puis par la douceur, le soin et le temps, il s'attachera à faire perdre à l'animal jusqu'au souvenir de ses fautes.

L'on en commet généralement une grande en descendant d'un jeune cheval devant la porte de son écurie et en le rentrant immédiatement ; il ne doit y être mis qu'à l'état le plus calme. C'est une précaution importante au point de vue de l'hygiène et du dressage que de le faire promener en main pendant quelques instants.

CHAPITRE VIII

Comment l'on doit terminer l'éducation du cheval.

Lorsque l'on est arrivé à un calme parfait, que le cheval est absolument franc et ses allures bien développées, on peut, pour le rendre plus agréable (*surtout à l'essai pour la vente*), lui faire connaître les jambes en quelques leçons ; l'animal sera plus facile ensuite à embarquer au galop sur l'un ou l'autre pied.

Avant de terminer la leçon, l'on arrêtera son cheval, puis, le faisant tenir par un homme à pied, qui aura pour mission de l'empêcher de reculer ou d'avancer, l'on fermera une de ses jambes en s'aidant de la cravache, afin d'obtenir un déplacement des hanches (*autrement dit : un pas ou deux du côté opposé de la jambe*). Sitôt que le cheval aura obéi, on le carressera et l'on continuera à chaque main pendant quelques minutes. (1)

(1) Avoir bien soin d'être très sobre de ce travail et n'en demander que fort peu à la fois.

Ce travail a pour but de mobiliser isolément l'arrière-main du cheval sans compliquer la difficulté par des effets de main qui, très souvent mal appliqués, tracassent l'animal et le mettent de travers.

Après quelques minutes de cet exercice, il faut remettre son cheval droit sur la main et ne pas lui demander de *traversé* à droite ou à gauche, avant qu'il ne cède parfaitement et sur place aux pressions isolées des jambes et fasse décrire à son arrière-main un cercle autour de ses épaules.

Pour obtenir le *traversé à droite*, par exemple :

Le cheval marchant droit au pas, l'on marque un temps d'arrêt en portant les épaules vers la droite (*côté ou l'on veut aller*) et en fermant la jambe gauche *(jambe opposée)* aidée d'une opposition de rêne gauche. (1)

Il ne faut jamais abuser de ce travail avec un jeune cheval, car une trop grande mobilité des hanches amène forcément l'inégalité des allures.

(1) L'opposition est une puissance double et accidentelle, empruntée dans le cas d'insuffisance de la jambe.

TROISIÈME PARTIE

—

De l'Attelage ou Dressage du Cheval au trait.

Avant-Propos

Ce sera toujours une grave erreur de se mettre dans l'idée qu'un cheval, destiné à l'attelage, n'ait pas besoin d'être préparé à ce service par la complète éducation du montoir.

Il n'y a cependant que ce moyen pour agir le plus sûrement, puis aussi le moins dangereusement, car il soumet le moral en exerçant le physique et si le jeune cheval que vous tiendrez à atteler n'a pas été parfaitement monté, il ne saura ni s'arrêter, ni tourner, ni aussi accepter les allures que vous voudrez lui donner ; il sera gauche, dangereux même, appliqué à un travail où son insoumission l'exposera ainsi que son cocher aux accidents les plus graves, chose que l'on voit malheureusement trop souvent, je pourrais dire journellement.

Je ne saurais donc trop engager Messieurs

les Eleveurs à bien se pénétrer que le dressage du cheval de trait repose entièrement sur les principes que j'ai donnés dans ma *Première Partie*, et qu'aussi sans dressage au montoir, il n'y a pas d'attelage rationel.

Laissons donc, (*ce que je fais entièrement pour ma part*), aux *Faiseurs* et *Fantaisistes*, par le moyen de leurs expédients compliqués ou ridicules, le soin d'atteler à première vue des chevaux *non dressés* ou *mal dressés*.

CHAPITRE Ier

Du Dressage spécial du Cheval au trait.

Etablissant en principe qu'un cheval ne doit-être attelé qu'après avoir été débourré à la selle, c'est-à-dire grandi d'avant-main, développé, assoupli par le travail à la longe et rendu franc aux aides de toute nature, il ne me reste plus qu'à indiquer les moyens de le rendre propre au service du trait.

La première des choses sera de l'habituer au contact du harnais en évitant surtout qu'il ne s'en effraye. Pour cette leçon il y a deux façons d'agir :

1° En mettant le cheval à la longe seulement quelques instants ;

2° En lui faisant faire une grande promenade monté.

Dans les premiers jours, je suis d'avis de se servir d'une bricole (1), ce qui présente moins de difficulté à placer, ou mieux encore, d'un harnais ordinaire dont le collier serait articulé et muni d'une clavette, comme les colliers de labour.

(1) Sorte de courroie large passant sur le poitrail.

Après avoir mis le caveçon au cheval, on l'amènera dans le manège près du pilier dont j'ai donné la description pour dresser les chevaux difficiles au montoir, CHAPITRE IV, 2e *Partie*, on lui présentera le harnais en l'agitant devant lui et on le flattera ; puis en le lui posant sur le dos on évitera de le surprendre (1). Il ne faut surtout pas négliger de relever et nouer les traits qui, si le cheval faisait un mouvement brusque, viendraient lui battre sur les flancs et le faire bondir ; immédiatement après, l'on devra boucler la sous-ventrière et ne mettre la croupière (*du reste fort lâche*) qu'en dernier lieu (*à moins que le cheval n'y ait été préparé pendant son dressage à la selle*), puis on le promènera en main et s'il ne paraît pas trop craintif, l'on pourra le faire trotter à la longe pour l'habituer au bruit et au poids de son harnais.

L'on recommencera cette leçon jusqu'à parfaite sagesse et confiance de l'animal ; puis, ensuite, l'on procédera au *tirage*. Pour débuter dans la leçon du *tirage*, l'on devra prolonger les traits au moyen de longes en corde et un homme placé derrière le cheval les tendra, puis pendant qu'un autre prendra de près l'animal au caveçon, il agitera ces traits de façon à en frapper légèrement les flancs de l'animal pour les habituer à leur contact ; ensuite, on mettra le cheval au pas en indiquant au piqueur qui tient les traits d'opérer une résistance progressive (2).

(1) On aura bien soin de plier le harnais sur le bras droit, destiné à l'étendre immédiatement sur le dos du cheval.

(2) Lorsque la force de traction devient trop faible, l'on peut unir la résistance de deux ou trois hommes.

Si dans les premiers temps, ce qui peut arriver souvent, le cheval se dégoutait de tirer et s'arrêtait, il faudrait diminuer le tirage et le laisser prendre confiance en déplaçant un poids au-dessous de ses forces. Je ne suis pas partisan du fouet dans les premières leçons, car il précipite et force l'animal à des mouvements trop violents pour pouvoir être soutenus, *(autrement dit, il se jetterait sur les traits)*.

Au bout de quelques jours, si le cheval se livre franchement et tire courageusement, on lui passera un harnais convenable dont le collier répartira mieux l'effort sur toute l'épaule et l'on commencera à l'atteler à un traîneau, ce qui est peu coûteux d'abord, puis d'une très grande utilité pour atteler sûrement, (1) mais l'on doit avant tout avoir bien soin de n'assujettir les traits prolongés que par une boucle facile à défaire dans le cas ou l'animal viendrait, en se défendant, à s'empêtrer dans ceux-ci ; il ne faudra pas surtout que le cheval tire trop longtemps de suite un objet qui présenterait une résistance continue.

L'on arrête, flatte et reprend souvent, car peu de chose suffit pour empêcher un cheval de se porter sur ses traits, comme il ne faut aussi que de simples précautions pour lui faciliter le travail.

Si par maladresse vous donniez trop d'humeur à un jeune cheval dès ses débuts, vous auriez *quatre-*

(1) Quelquefois l'on se sert dans certains pays d'un simple rouleau de bois, j'y trouve un grand inconvénient, car il peut arriver que ce rouleau glisse plus vite que l'on ne voudrait dans le moment d'un effort violent que ferait le cheval et qu'il vienne lui taper dans les jambes, ce qui le rendrait fou, pourrait aussi le blesser ou occasionner les accidents les plus graves.

vingt-dix-neuf chances sur *cent* pour en faire non-seulement un rossard vicieux, mais dangereux, à ce point de le rendre impropre à tout service.

Dans le cas où les épaules deviendraient sensibles par l'appui du collier, ce que l'on doit surveiller souvent, il suffira d'en bassiner les parties lésées avec de l'eau blanche (1) puis s'abtenir d'atteler le cheval pendant quelques jours.

(1) Mélange d'extrait de saturne et d'eau.

CHAPITRE II

De la confection du Harnais — Sa description.

Pour peu qu'un cheval ait une bride, un collier, une sellette, qu'importe le reste, de l'avis de certaines personnes; je me permettrai donc de taxer cette appréciation d'absurde, et j'ose croire à la minorité de ces esprits obtus.

Il est cependant facile à comprendre que la plus essentielle des choses en attelage doit être non-seulement la bonne confection du harnais mais surtout la parfaite solidite de toutes ses parties, et l'expérience m'a souvent démontré que de la bonne ou mauvaise disposition de toutes ces pièces dépendait toujours le dressage du cheval et la vie du cocher.

La partie du harnais à laquelle l'on doit attacher le plus d'importance, est le collier qui doit prendre la forme de l'encolure et des épaules, de façon à laisser libre la respiration, tout en s'étendant sur la région entière qui doit lui servir de point d'appui, en un mot être *parfaitement ajusté*; mais comme il arrive, surtout chez Messieurs les Eleveurs, que l'on ne peut faire ajuster autant de colliers que l'on possède de chevaux, ce qui serait fort onéreux, j'engagerai dans un but économique d'avoir recours aux faux-colliers, qui, tout en prévenant les blessures, peuvent être faits par tous les selliers.

La façon dont doit être placée l'attelle, mérite encore quelque attention, car, si le T auquel vient s'accrocher l'anneau du trait, se trouvait, par rapport à la direction de l'épaule, trop bas ou trop haut, la traction se ferait mal puisqu'elle ne serait pas répartie; elle arrêterait le jeu des épaules comme cela arrive avec la bricole qui n'est admissible qu'au début du dressage, ou encore, avec une voiture légère et à la seule condition de rouler sur une route peu tirante. La direction à donner aux traits doit être perpendiculaire au collier, et, par conséquent, lorsque le cheval tire, se trouver inclinés d'avant en arrière.

Dans beaucoup d'Ecoles de Dressage l'on se sert, à juste raison, de traits dits de *sûreté*; ces traits possèdent à leur extrémité, (celle qui vient s'attacher au palonnier ou palonneau), un coulant fixe, chose très précieuse, car cela permet, dans le cas ou le cheval venant à ruer se prendrait dans ses traits, de le dégager facilement sans être obligé de les couper pour éviter de graves accidents.

Le Mors qui, à mon avis, convient le mieux au jeune cheval, est le mors à canon droit, pliant de branches et muni de deux anneaux, c'est le plus doux et celui qui conserve l'embouchure la plus fraîche et la plus sensible.

Les Guides (1) sont pour un cocher toute sa sécurité, c'est donc la partie du harnais qu'il doit veiller et entretenir avec le plus de soin ; les boucleteaux doivent en être d'une force éprouvée, le cuir de première qualité et souvent graissé.

Pour l'attelage à deux chevaux, elles seront disposées de façon à ce que le cocher puisse mettre lui-même ses entre-deux ou croisières au point convenable, sans être obligé d'avoir recours à un étranger et agir sur l'un ou l'autre de ses chevaux individuellement, puisque ces entre-deux viennent alors se boucler sur ses guides près de sa main.

L'on abuse beaucoup trop à mon avis de l'enrènement simple ou à panurge et cela devient dangereux à la longue. Je conviens cependant parfaitement qu'un cheval un peu rèné peut-être plus gracieux et se présenter mieux, mais j'affirme aussi qu'il ne peut marcher longtemps sans souffrir de cette position forcée qui le met sur les reins, car l'on doit facilement comprendre que, lorsque le cheval monte une côte, ses efforts pour tirer sont gênés, sa respiration est moins libre et par contre sa bouche se sèche puis il salive mal. *Ces deux actions sur la membrane buccale arrivent à l'irriter et à lui ôter une partie de sa sensibilité.*

Il est donc de beaucoup préférable d'acquérir une bonne position de tête, bien grandie par l'emploi de *l'homme de bois*, ou la main soutenue d'un bon cavalier, car je n'admets cet enrênement forcé que pour *parader au Bois de Boulogne.*

(1) Elles sont simples pour l'attelage à un seul cheval.

Malgré cet avis, il ne faudra jamais enrêner le jeune cheval que graduellement, sous peine de le gêner dans le tirage et de le faire défendre.

Le *harnais simple* se compose de *vingt-trois* parties dont je donnerai la dénomination en commençant par la tête du cheval, savoir :

1. *La bride proprement dite se décompose en :* La têtière de bride.

2. La sous-gorge.

3. L'enrênement simple ou l'enrênement avec panurge.

4. Les œillères.

5. Les montants de porte-mors.

6. La muserolle.

7. Le mors avec sa gourmette.

8. Le corps du collier.

9. L'attelle avec ses clefs pour passer les guides et le T pour accrocher les traits.

Ces deux pièces 8 et 9 forment ensemble le collier proprement dit.

10. Le crochet d'attelle à charnière ou à anneau ovale *(partie inférieure de l'attelle).*

11. La courroie d'attelle *(partie supérieure de l'attelle).*

12. La martingale.

13. Le mantelet ou sellette.

14. Le crochet de mantelet auquel vient s'adapter l'enrênement.

15. Les clefs du mantelet *(anneau où passent les guides).*

16. La dossière, munie de porte-brancards ou de bracelets (*lorsque généralement l'on attelle sur une voiture à deux roues*).

17. La sous-ventrière.

18. Le grand boucleteau des traits.

19. Les traits.

20. Le corps de croupière et sa croupière autrement dit.

21. Les barres de fesses (*courroies passant de chaque côté des fesses, à cheval sur la pointe des hanches et venant se rattacher à l'avaloir*).

22. L'avaloir (*bande de cuir passant derrière et au milieu des fesses du cheval, puis venant se rattacher aux brancards et servant à retenir la voiture dans les descentes ; il est soutenu par les barres de fesses*).

23. Les guides (*simples* pour l'attelage à un cheval, et *doubles* ou munies de croisières pour l'attelage à deux chevaux).

Le harnais double, ou pour atteler à deux chevaux, diffère de celui que je viens de décrire, en ce sens qu'il est d'abord plus léger comme cuir et que la sellette elle-même se trouve aussi plus légère n'ayant pas à supporter de brancards; ensuite, la partie inférieure des attelles sont réunies par un anneau ovale (*vulgairement appelé crapaud*), qui reçoit un autre anneau auquel vient se boucler les chainettes de retrait, puis, en remplacement de la dossière porte-brancards ou des bracelets, se trouve une courroie porte-trait destinée à soutenir le grand boucleteau des traits.

Les guides se trouvent munies d'entre-deux ou croisières, comme je l'ai dit plus haut.

CHAPITRE III

Du Maître d'école. — Du Choix d'une voiture.

Comme chacun le sait, on donne généralement le nom de *Maître d'école,* à un cheval fort, franc et calme. Ce cheval est assez rare à trouver en raison des qualités qu'il doit avoir et qui le font employer avantageusement pour seconder le cocher dans l'éducation du jeune cheval.

L'on met d'abord et en principe, ce cheval sous la main *(c'est-à-dire à droite)* ; mais au bout de quelques jours il sera bon de le changer afin d'habituer le jeune cheval en dressage à aller à toute main, sans défense ni hésitation (1).

Quoique le poulain ait subi avec avantage la préparation dont fait l'objet mon CHAPITRE Ier *(3e Partie),* il peut arriver encore que ses mouvements soient brusques, ses temps d'arrêt difficiles, qu'il se fatigue et se retienne au départ ; alors le *Maître d'école,* sans s'inquiéter du bon ou mauvais vouloir de son voisin,

(1) Il en est de même lorsqu'on attèle généralement à deux, pour habituer ses chevaux à ne pas devenir maniaques au point de ne pouvoir toujours tirer qu'à la même main sans se défendre ou hésiter.

lui viendra grandement en aide en tirant pour lui, en arrêtant malgré lui, ou en tournant à droite et à gauche, en un mot il ne tardera pas à compléter son éducation.

Après avoir patiemment et convenablement préparé un cheval de trait, il peut arriver que l'on ne possède pas, par mesure d'économie (*chose que je n'approuve pas, car pour moi cela n'en est pas une*), ni chariot, (*espèce de voiture de dressage vulgairement nommée squelette*), ni maître d'école, car souvent Messieurs les Eleveurs ne veulent pas conserver un cheval exclusivement réservé à cet usage *(ce qui pour moi est un grand tort)*, il n'y a plus alors qu'un seul moyen d'arriver à son but avant d'atteler au tilbury ou toute autre voiture à deux roues, qui sont de prime-abord fort dangereuses et demandent les plus grandes précautions.

Le seule moyen dis-je, est d'atteler d'abord le jeune cheval à une charrette entre deux chevaux forts et bien francs, en ayant soin de lui adapter un harnais léger, en rapport avec sa force et sa conformation. Faute d'autres moyens de dressage, cet exercice pris modérément, vaut mieux que l'oisiveté et l'abandon dans lequel on laisse la plus grande partie du temps le jeune cheval.

Ce mode de procéder le prépare tout naturellement au tilbury qui, quoique voiture commode, est si dangereuse pour dresser le jeune cheval, qu'on ne saurait trop le calmer, je dirai même le fatiguer avant de l'atteler.

Si l'on doit faire usage du tilbury, il faut que sa

construction soit simple mais très solide, qu'il ait la voie, qu'il soit peu suspendu et très élevé de siège pour mieux dominer et contenir son cheval.

Les premiers jours ou l'on met le cheval sur le tilbury, il faut le conduire en main au caveçon pour lui apprendre à tourner et à s'arrêter et aussi pour empêcher les premiers moments d'effroi. Il ne faut pas en commençant prendre des tournants ni trop les multiplier dans la suite.

La prudence exige, en dressant un cheval, d'avoir des secondes guides (*dites guides de sûreté*), que l'on fixe plus bas que celles dont on se sert ordinairement, et l'on ne doit, dût-on mettre plus de temps à préparer un cheval difficile, ne pas se servir d'autres mors que de ceux les plus doux et laisser aux *farceurs* qui les préconisent, en se basant sur les cas exceptionnels, ces mors à longues branches et de diverses formes.

Le maniement des guides est le même que pour conduire deux chevaux, seulement les effets en sont plus raccourcis et plus précis, puisque les guides agissent plus directement et immédiatement sur la bouche du cheval (1).

(1) Voir chapitre VII.

CHAPITRE IV

Manière de préparer les chevaux de trait pour leur apprendre à tourner.

Lorsque les chevaux à l'attelage exécutent de petites voltes, ils sont généralement obligés dans ce mouvement de croiser leurs jambes, ce qui les irrite ; ils s'y refusent et souvent se défendent. Une petite leçon de quelques jours suffirait cependant pour leur faciliter ces mouvements.

Pour donner cette leçon, il faut se placer près d'un mur (*si l'on n'a pas de manège*) et tenir le cheval au caveçon, la tête près de ce mur, puis, à l'aide d'une cravache, faire monter les hanches et les épaules de côté, placées perpendiculairement au mur.

Par exemple : Supposons que vous vous placiez à la gauche du cheval, la main gauche devra maintenir la tête qui fera une opposition au reste du corps, tandis que de la main droite vous pousserez la hanche gauche du côté opposé à l'aide d'une longue cravache ou d'une gaule un peu flexible. Une leçon de quelques minutes chaque jour aux deux mains, suffirait amplement, mais l'on devra surtout éviter, lorsqu'on attèlera, de tourner trop court au début et dans le cas où l'on y serait absolument forcé, on se ferait aider par un palefrenier, qui, poussant le timon, facilitera le mouvement aux chevaux.

Enfin, quand les chevaux deviennent francs, l'on doit les exercer sur place à déplacer le timon à droite et à gauche sans faire avancer la voiture, puis partir et s'arrêter ensuite dans telle ou telle direction donnée à la flèche. « Un vieux cocher, avant tout praticien, m'a souvent répété que l'art de dresser les « chevaux c'était : les habituer à partir, s'arrêter, « tournoyer, puis reculer, le tout autant de fois qu'on « l'exige. »

CHAPITRE V

De l'Embouchage.

Beaucoup de soi-disant cavaliers ou cochers ignorent complétement la façon dont doit être placé le mors dans la bouche du cheval ou bien encore la signification du mot *emboucher*.

Emboucher un cheval, c'est approprier son mors à la conformation et aux qualités de sa bouche.

Il suffit d'un examen attentif de cette bouche pour se rendre compte du mors qui lui convient le mieux et lui est le plus propre.

Si le cheval a les barres tranchantes et osseuses, les lèvres minces, il est nécessaire de lui mettre un mors doux, à gros canons ronds et sans liberté de langue puis à branches courtes, car sa bouche sensible lui fait ressentir les effets les plus légers de guides.

Si, au contraire, l'animal a des barres arrondies et les lèvres épaisses *(ce qui arrive souvent chez le cheval d'origine commune)* il faut employer un mors à canons minces pleins et anguleux, à grande liberté de langue, puis à branches longues, en ayant soin de serrer un peu plus la gourmette. On exerce ainsi sur sa bouche presque insensible une énergique et puissante action qui peut remédier à son défaut de conformation.

Il vaut cependant mieux en général se servir d'un mors de bride doux qui communique à l'avant-main du cheval de la grâce et de la légèreté, que d'employer le mors dur dont il cherche presque toujours à se débarrasser en secouant la tête.

Une bride est bien ajustée lorsque les montants longent les joues, que la sous-gorge laisse passer deux doigts entre elle et la gorge (1) et que le mors de bride repose d'aplomb sur le milieu des barres. (2) La gourmette doit être sur son plat et suffisamment séparée de la barbe, trop serrée, elle serait sujette à blesser le cheval sous la barbe.

Un mors placé trop bas n'exerce aucune action sur les barres; placé trop haut, il plisse la commissure des lèvres et son effet est nul, de plus il est sujet à occasionner des blessures qui peuvent rendre le cheval indisponible pendant plusieurs jours.

(1) Une sous-gorge trop serrée arrête la circulation, empêche la respiration et peut amener le cornage.

(2) Si l'on se sert d'un filet d'enrênement, il doit être placé un peu au-dessus du mors de bride.

CHAPITRE VI

Du fouet, de l'appel de langue, de l'influence de la voix, comment on forme les chevaux au fouet.

Dans ma *Première Partie* (CHAPITRE VI), j'ai parlé du fouet dans les débuts du dressage, j'ai dit aussi (CAPITRE VII), quelques mots sur l'influence que la voix peut avoir sur tous les chevaux en général et enfin (CHAPITRE XII), sur l'appel de langue.

L'on doit surtout se persuader, que l'art de bien dresser, bien mener les chevaux au trait est entièrement soumis aux mêmes règles que pour l'équitation.

Si la majeure partie des cavaliers ignorent les ressources des aides et des châtiments, il est bon nombre de cochers ne connaissant point les bienfaits qu'ils peuvent retirer du fouet et de l'appel de langue ; cependant, l'on devrait facilement se rendre compte que le fouet en attelage n'est absolument pour le cocher qu'un aide identique aux jambes du cavalier dans le dressage du cheval de selle.

En équitation comme en attelage, le seul moyen de

conserver ses chevaux, c'est d'éviter la surcharge d'une des parties et de distribuer également les forces de l'animal, soit qu'il tire ou porte. Donc, si le cocher comme le cavalier ne sait pousser le cheval sur la main qui règlera le mouvement et lui donnera le degré délévation convenable, l'animal n'aura ni précision ni élégance ; le fouet a donc pour but d'activer et contenir les hanches ; car il est évident que si le cheval de selle se fatigue plus généralement des reins et des membres postérieurs, le cheval de trait, au contraire, en tirant, doit se porter davantage sur les épaules et par conséquent fatiguer ses membre antérieurs.

Le talent de tout bon cocher sera donc, je ne dis pas d'éviter entièrement, mais au moins de diminuer ces surcharges.

Il faut aussi surtout, se servir du fouet dans tous les changements de direction obliques ou cercles et quand on remarque un désordre, ou bien encore manque de soutien dans l'allure.

Exemple : En tournant à droite, le cheval hors la main (*cheval de gauche*) qui a le plus de terrain à parcourir, doit toujours être soutenu du fouet, il est bien entendu de même pour le cheval sous la main (*cheval de droite*) si l'on tourne à gauche.

En général tous les cochers (*je suis loin de les en blâmer*), ont l'habitude de mettre leurs chevaux en mouvement par un appel de langue, il est donc très important d'y dresser les jeunes chevaux et de les y rendre également sensibles, autrement l'un d'eux partirait avant l'autre, de là, départs mauvais et inégaux.

Pour rendre un cheval attentif et sensible à l'appel de langue, il faut toujours l'accompagner d'un coup de fouet, mais, dans le cas où l'animal serait trop craintif à ce bruit, on le ferait tenir en main et pendant qu'on le flatterait, les appels de langue seraient répétés et ne cesseraient qu'au moment où l'on aurait obtenu le calme. Ce bruit ne doit s'entendre que très peu, n'être redoublé que rarement et dans ce cas immédiatement suivi du fouet.

La voix est encore un aide puissant, qui souvent a évité bien des accidents ; on doit donc de bonne heure se faire ainsi comprendre par ses chevaux en ne les arrêtant jamais sans les prévenir de la voix.

« J'ai connu un vieux cocher anglais qui faisait mes délices et que je considérais comme fort habile (*il l'était en effet*) faire arrêter ses chevaux comme par enchantement, au milieu d'un travail du reculer le plus difficile, par le simple mot Oh ! »

Il est vrai que c'est surtout dans les raccourcis, comme dans la remise, qu'une soumission parfaite est précieuse, car le fouet n'a pas toujours assez de précision.

Que de jeunes chevaux viennent à s'effrayer, s'ils sont bien dressés, un seul mot peut sauver la vie du cocher.

On ne saurait trop prendre de précautions pour habituer les jeunes chevaux au fouet également, surtout avec les demi-sang, nés en Normandie ; j'engage donc fortement tout cocher prudent à n'arriver à la leçon du fouet, qu'après avoir bien baissé ses chevaux et à la fin du travail ; de ne s'en servir que progressivement en ayant bien soin d'étudier le degré de sensibilité des sujets qui lui sont confiés.

On ne commence jamais trop tôt à façonner le caractère de ses chevaux, sous peine de n'en tirer plus tard qu'une soumission incomplète.

CHAPITRE VII

L'art de mener deux chevaux. — Ce que tout bon cocher doit faire avant de se mettre en mouvement. — Mettre ses chevaux en mouvement.

Il y a malheureusement beaucoup trop de gens convaincus, qu'il ne s'agit que de monter sur un siège, de tenir d'une façon plus ou moins correcte des guides et un fouet, pour se permettre de *mener* dans une partie de campagne où faire le tour du bois dans un superbe phaëton attelé de deux chevaux vigoureux.

Ces amateurs ignorants, ne savent malheureusement, ou ne veulent pas savoir, que ce manque absolu d'instruction pratique de l'attelage les expose chaque fois, ainsi que ceux qui se confient à eux, aux accidents les plus graves.

Ainsi, ayant donné les principes d'une bonne équitation appliquée à l'éducation du cheval de selle, je regarderai de même comme important de prescrire les règles du *menage* adoptées de nos jours et qui sont en général fort méconnues ; je ne m'adresserai pas dans ce chapitre spécialement aux cochers, mais aussi à tout amateur de sport, soucieux de sa sécurité et de ne pas se rendre ridicule.

Pour bien atteler, il faut du tact, du raisonnement et beaucoup d'énergie. L'expérience m'a démontré la supériorité du maniement et de la tenue des guides que je vais décrire d'après une étude faite, puis des indications prises auprès des meilleurs cochers.

Les guides se tiennent de la main gauche, l'excédent sortant du bas de cette main par le petit doigt ; elles sont séparées dans la main par deux doigts, de sorte que la guide gauche est passée sur l'index (*premier doigt*), et la guide droite sur l'annulaire (*quatrième doigt*) ; le pouce et l'index ne doivent être que très peu fermés ; ce sont les trois autres doigts qui assurent lès guides dans la main. La main droite tiendra le fouet et en même temps devra seconder la gauche, soit pour tourner, arrêter, ou ajuster les guides.

Le fouet, placé dans la main droite, sera tenu en équilibre et non serré ; il devra être soutenu dans cette position par le pouce et le bas de la main ; les autres doigts resteront libres, et les deux premiers doigts de cette main, viendront se poser à cheval sur la guide droite, tout prêts à donner assurance à l'autre main.

Tout bon meneur, s'il est prudent, doit avant de monter sur son siège, s'assurer de la manière dont ses chevaux sont attelés et si rien de ce qui peut contribuer à la sûreté et justesse du tirage n'a été omis.

La première des choses en attelage est : De voir si les traits sont égaux, les boucleteaux solides, puis encore, si les chevaux portés sur ces mêmes traits, ne sont pas trop éloignés des palonniers, trop de longueur occasionnant une élasticité nuisible au tirage.

En général, pour bien déterminer la proportion des traits, il faut d'abord se rendre compte de la nature du mouvement de l'animal et lui garder toute la liberté entière d'extension ; habituellement, pour des chevaux de taille ordinaire, un pied de distance de la croupe au palonnier est longueur suffisante.

Les chainettes doivent être plus courtes pour les jeunes chevaux, de façon à les rapprocher le plus possible du timon sans les faire tirer de côté; l'on ne pourrait mener juste ni sûrement et le mal serait presque sans remède si l'on opérait différemment d'après l'avis de beaucoup de cochers. Il est toujours temps d'écarter les chevaux lorsqu'ils sont francs au collier et complétement soumis à la main.

En dernier lieu, le cocher après s'être assuré si ses chevaux sont bien embouchés, si les gourmettes sont sur leur plat, la muscrole et la sous-gorge un peu lâches, il visitera ses guides ; il n'est pas inutile, à mon avis, de mettre la tête des chevaux un peu en dedans, car il faut, autant que possible, réunir les jeunes chevaux, mais, l'on doit maintenir les entre-deux un tant soit peu plus courts qu'à l'ordinaire en se réglant sur la taille et la force de son attelage. Il faut aussi éviter de serrer les avaloirs et de les placer trop bas, car ils gêneraient le mouvement et pourraient disposer les chevaux à ruer. (1)

Avant de monter sur son siège, le cocher placera ses guides dans la main gauche ainsi que le fouet, il gardera la droite pour s'aider à monter, puis se placera doucement sur son siège. (2)

Les maîtres cochers veulent que l'on s'assoie droit sur le siège un peu élevé par un coussin en ayant les genoux rapprochés, les jambes étendues, les pieds bien appuyés, le haut du corps soutenu sans être renversé, les coudes tombant près du corps, le poignet gauche à hauteur du coude.

Je suis parfaitement de cet avis, car ils disent avec raison : que l'homme est plus fort, puis qu'il voit mieux ses roues et ses chevaux ; pour moi, cette position sur le siège n'est point indifférente, car elle concourt à donner aux bras et aux poignets la force puis la justesse.

Quelques amateurs et même d'habiles cochers préfèrent être placés de côté, cette position sur le siège ne permet pas, à mon avis, d'être aussi juste dans ses effets de main ni de juger aussi bien de la direction de la voiture.

Cette position oblique, adoptée jadis par presque

(1) De nos jours il y a beaucoup d'attelages où l'on supprime l'avaloir, je laisse la chose entièrement au goût ou à l'appréciation du cocher.

(2) Il va sans dire que l'on tiendra les chevaux jusqu'à ce que le cocher ait donné l'ordre de les lâcher.

tous nos conducteurs de *diligences*, consiste à s'asseoir un peu de côté en retirant l'épaule gauche en arrière, à éloigner les coudes du corps en les arrondissant, puis avancer la main droite qui viendra s'appuyer sur le dessus des guides, à dix pouces environ de la main gauche.

Sans avoir un entier parti pris, je donnerai la préférence à la position droite, comme étant la plus grâcieuse et la plus sûre dans l'art de mener.

Mettre ses chevaux en mouvement est une chose assez importante pour que je termine ce chapitre par les conseils les plus indispensables.

Le départ manque généralement de calme, les chevaux pointeurs se tracassent ou se jettent brusquement sur leurs traits ; tout cela vient de ce qu'ils ne sont pas sur la main et qu'après le premier coup de collier on les surprend par un à coup.

Il est essentiel de faire autour des chevaux que l'on met en mouvement un calme absolu et les laisser se porter d'eux-mêmes en avant sans sollicitation bruyante ; il est quelquefois bon, pour diminuer l'effort au départ et ne pas rebuter un jeune attelage, de faire pousser à la roue ; dans tous les cas, l'on doit autant que possible choisir un terrain où la traction soit facile.

Après ce premier départ exécuté, l'on n'arrêtera jamais immédiatement, car il n'en faudrait pas davantage pour donner de l'humeur à de jeunes chevaux et les arrêts ne se feront multiples qu'après s'être assuré un tirage constant puis des départs calmes.

Au départ, pour régler le premier élan, comme sur un sol tirant ou un chemin difficile nécessitant de plus grands efforts, je ne saurais trop recommander d'avoir les guides tendues, car un jeune attelage, surtout, peut se jeter dans ses traits avec colère puis se sentant abandonné, briser ses traits, ou bien encore, si la main réprimant tardivement et brusquement son élan impétueux, s'arrêter et refuser de tirer.

Il est très important dans l'arrêt que le sentiment des guides trouve sa place ; c'est en laissant revenir ses chevaux sur eux-mêmes, en mollissant le poignet par degré, sans allonger les guides, que les chevaux s'arrêtent sur traits, prêts à repartir sans *à-coups ; l'on a quelquefois besoin du fouet ou d'un petit appel de langue pour arriver à ce résultat*. Si les traits flottaient à l'arrêt, cela pourrait être dangereux, car les chevaux se jetteraient de côté, reculeraient malgré le cocher puis refuseraient le départ.

Telles sont, en principe, les règles générales pour mener une paire de chevaux de la manière la plus rationnelle et avoir un attelage correct en même temps qu'élégant, puis d'une conduite facile.

CHAPITRE VIII

De la manière de conduire à l'Anglaise. — Du point d'appui. — Des précautions à prendre en général et en particulier avec les jeunes chevaux en dressage.

Ayant donné dans le chapitre précédent les principes rationels pour bien atteler, ainsi que la position des guides dans la main, je parlerai maintenant de la manière de mener, *dite à l'Anglaise,* mode généralement trop en usage de nos jours pour ne pas la décrire complétement.

Il existe deux sortes de maniement de guides dans le menage *à l'Anglaise,* soit :

1° A deux mains fixes;

2° A une seule main, *accidentellement secourue par l'autre pour ajuster les guides.*

Ce n'est que par la combinaison prudente et précise de ces deux maniements que le résultat du menage devient sûr et profitable aux chevaux.

Dans le menage à deux mains fixes, la distance

d'une main à l'autre dépendra de la position sur le siège adopté par le cocher (1).

Mener a deux mains fixes. — Pour mener à deux mains fixes, les guides sont réunies dans la main gauche comme je l'indique au Chapitre VII (*troisième partie*), mais la main droite saisit fermement la guide droite, et, sans la séparer de l'autre main, l'en fait un peu couler pour qu'elle agisse librement (2).

Si le cocher adopte la position droite, la main droite reste placée à côté de la gauche ; si, au contraire, il prend la position oblique, la main droite se placera un peu plus bas comme il est dit au chapitre précédent.

Les guides ainsi tenues dans la main ont une action toute simple et identique aux rênes de bridon pour le cavalier, puisque, dans le cas ou le cocher veut arrêter, il doit résister également des deux mains en soutenant le haut du corps sans surtout le jeter en arrière, et que, s'il veut obliquer à droite où à gauche, il fera primer l'effet d'une guide sur l'autre, soit en mollissant ou contractant les poignets, selon que le besoin s'en fera sentir.

Je dois dire maintenant de quelle manière l'on procède à l'ajustement des guides étant dans la position du menage à deux mains fixes, car il peut arriver

(1) Voir au Chapitre VII (*troisième partie*).

(2) Si la position est oblique, c'est-à-dire de droite à gauche, la main droite viendra tout naturellement se placer à huit ou dix pouces de la gauche, si non, l'on serait ridicule d'avancer le bras, ce qui vous donnerait l'air de chercher la guide.

qu'après avoir passé un obstacle quelconque ou fait opérer un tournant à ses chevaux, l'on ait besoin d'ajuster ses guides pour les ramener à leur véritable point.

Cet ajustage comporte trois temps :

1° Apporter avec la main gauche la guide gauche entre le pouce et l'index (1er *doigt*) de la main droite, de façon à ce que les deux guides soient également tendues dans cette main droite qui, déjà embarrassée du fouet, doit se refermer solidement pour ne pas en laisser échapper une;

2° La main gauche qui n'est plus occupée, repasse vivement au-dessous et en face de la droite, en resaisissant les guides qu'elle ramène par conséquent égales et ajustées près du corps;

3° La main droite reprend ensuite sa place désignée précédemment.

Mener a une seule main. — Le menage à une seule main a pour but de laisser au cocher une grande indépendance dans le maniement de son fouet, de donner aux chevaux plus de fixité sur la main ainsi qu'un degré de finesse qui les fasse obéir à la pression unique du doigt.

Exemple : Si, menant d'une main, l'on voulait obliquer ou tourner à droite, il devra suffire, après avoir marqué un temps d'arrêt, de serrer la guide droite entre le médium (*doigt du milieu*) et l'annulaire (*4e doigt*), pour donner la direction vers la droite, en ayant soin de laisser un peu couler la guide gauche sous l'index *(1er doigt)*; mais comme dans ce maniement de guides, la gauche est nécessairement devenue plus longue que l'autre, il résulte de cela un besoin de réajustage.

Il est un moyen particulièr de raccourcissement plus prompt que la méthode première, qui consiste à saisir immédiatement avec la main droite l'extrémité des guides derrière la gauche, en les bien assurant, à tel point, que cette main gauche puisse glisser librement à quelques centimètres avant, pour les ajuster, puis les ramener au point convenable. Ce mouvement s'exécutera par le tact des doigts et l'adresse à assujettir la guide droite, si elle est la plus longue, puis en laissant couler la gauche et *vice-versâ*.

Ce mode de raccourcissement ou d'ajustage, doit se faire prestement, sans saccades et en deux temps, tandis que, dans la première manière d'ajuster, il y a trois temps.

Il faut toujours se servir de cette deuxième méthode pour ajuster ou raccourcir les guides, toutes les fois que l'on mène d'une main, ou bien encore, si l'on veut, user du fouet, sans cela, l'on serait exposé à compromettre la justesse du menage.

Dans un cas pressé ou dangereux, il y a encore un moyen d'ajuster les guides (ce que l'on appelle *ramasser les guides*), qui consiste à saisir avec les deux premiers doigts de la main droite, la guide que l'on veut raccourcir vivement et à la rapporter à sa place, dans la main gauche, sans que cette main ait besoin de se déranger.

Pour tourner ses chevaux, il faut savoir laisser à propos acculer un peu la guide du cheval en dehors du cercle, puisqu'il a plus de terrain à parcourir que son voisin, et cependant il faut aussi le soutenir assez afin qu'il ne précipite pas son mouvement (1) faute que je vois commettre, non seulement par presque tous les cochers, mais, ce qui est le plus grave encore, par les soi-disant piqueurs chargés du dressage de jeunes chevaux.

Pour arrêter, il suffira en principe d'assurer la main, c'est-à-dire de fermer les doigts et de contracter progressivement le poignet; par conséquent, l'on ne doit, ni tirer sur les guides, ni porter le coude en arrière, pas plus qu'il ne faut tendre la main en avant pour rendre à ses chevaux.

En un mot, reprendre, arrêter ou rendre, ne sera que le résultat d'une contraction plus ou moins forte des doigts ou du poignet, avec la résistance du haut du corps sans le déplacer.

Comme la difficulté principale du menage rationnel se trouve dans l'ajustement des guides et le passage successif de *deux mains* à *une main*, je ne saurais trop recommander aux jeunes cochers soucieux de se rendre habiles dans cet art, d'étudier tout particulièrement la régularisation de leurs changements de guides tout en

(1) Ce soutien se fait non-seulement de la guide, mais aussi du fouet, dont on doit se servir, comme il est expliqué plus loin dans ce chapitre.

immobilisant le poignet droit qui ne doit jamais subir ni la moindre torsion ni flexion, s'ils veulent arriver à la fixité du fouet, car tout mouvement brusque imprime une saccade sur la bouche des chevaux, ce qui les tracasse et les excite au point de leur faire perdre bientôt toute leur finesse ainsi que leur point d'appui.

Du fouet. — Lorsque l'on veut faire usage du fouet, le coup doit être donné à bras tendu, mollement, avec progression, surtout pour les jeunes chevaux et plutôt comme une *caresse* que comme un *châtiment ;* le cocher ne doit les atteindre que dans l'intervalle laissé entre le collier et le mantelet, en se donnant garde de les toucher au flanc ou sur la croupe, à moins toutefois qu'il ne connaisse parfaitement le degré de sensibilité de ses sujets ou bien encore lorsque les chevaux seront las, il pourra user de ce stimulant qui devra seconder sa main puissamment plus tard et remplacer véritablement les jambes du cavalier.

Un vrai et bon cocher ne doit jamais, dans aucun mouvement, porter le corps en avant, à plus forte raison, en se servant de son fouet, car alors sa main perdant la fixité ne pourrait réprimer l'élan de ses chevaux que par un *à-coup*.

Il ne faut pas oublier non plus, qu'en règle générale, soit pour tourner des chevaux, les porter vers la droite ou la gauche, il est de toute nécessité de marquer un demi-temps d'arrêt pour les prévenir et de faire ensuite primer la guide du côté où l'on se dirige, en mollissant la guide opposée tout en la soutenant, enfin de réajuster ses guides.

Du point d'appui. — Le point d'appui, dont j'ai dit quelques mots au Chapitre vii (1re *Partie*), n'est pas moins indispensable au cheval de trait si l'on veut obtenir de la vitesse et de la régularité dans l'allure.

C'est par la fixité et le calme de la main que les chevaux viennent s'appuyer sur le mors, car une main qui joue avec les guides, c'est-à-dire reprend et rend à chaque instant, donne continuellement de petites saccades ou *à-coup* à la bouche du cheval et l'on ne peut jamais espérer arriver à de bons resultats pour allonger l'allure et la régler.

Je vois tous les jours, malheureusement, beaucoup trop de cochers mener les guides lâches en donnant des saccades successives sur la bouche de leurs chevaux (*ce que l'on nomme vulgairement mener en sonnant de la cloche.*)

Cette mauvaise habitude, fort disgracieuse, est toujours la cause d'accidents les plus graves, puis aussi d'une usure vive et prématurée ; ces accidents se voient tous les jours dans nos grandes villes et notamment à Paris, parce que les directeurs des nombreuses Compagnies de Petites-Voitures (1) responsables de la sécurité de leur clients, paraissent peu se soucier du degré de capacités de leur personnel et du choix des piqueurs chargés de l'instruction de leurs cochers ainsi que du dressage.

(1) J'en excepterai les cabs, conduits généralement par des cochers anglais.

Cette ineptie, cause d'ignorance, a presque toujours pour résultat que les chevaux mal dressés et abandonnés à eux-mêmes peuvent, non seulement dans un moment de frayeur s'emporter, mais encore dans une descente, s'abattre et se couronner, sans que le cocher *incapable* ait le temps de *ramasser* ses guides.

Pour cadencer puis amener les jeunes chevaux à un trot court, il faut commencer pas un trot soutenu et régulier, que l'on ralentira graduellement, car, si l'on voulait rassembler et trotter court au départ de l'écurie, on mettrait ses chevaux sur les reins en leur ôtant le point d'appui sur les colliers.

Un vieux piqueur d'attelage m'a souvent dit :

« Que la légèreté des chevaux les mieux mis augmentera toujours en sens inverse de la vitesse et qu'il n'admettait pas, qu'on laissât des chevaux trotter et se développer considérablement sans les avoir sur la main, ne fût-ce que pour éviter une chute ou parer une rencontre inattendue. »

Ceci est parfaitement exact, car j'ai reconnu par la pratique, que l'appui constant (*qu'il ne faut pas confondre avec la contraction*) est bien la base de tout dressage et le moyen de conserver ses chevaux. On ne peut assurément asseoir et mener carrément que des chevaux confiants sur le mors ; ce sera aussi les seuls dont la traction sera égale, l'arrêt calme et franc.

Il est donc en un mot de toute logique, de regarder l'égalité de l'allure comme une chose qui découle tout naturellement de cet appui, car il est absolument évident que l'on ne peut régler que ce qu'on tient et possède parfaitement.

Des précautions a prendre en général. — Si l'on a une route à parcourir, surtout avec de jeunes chevaux, la principale des choses, c'est de se préoccuper (*ce que beaucoup de cochers ne font pas*) de la rendre aussi peu fatigante que posible, surtout si elle est accidentée ou que le terrain en soit tirant.

Afin de ne pas épuiser la vigueur de son attelage et lui conserver toute son énergie pour les côtes, le début du trajet doit se faire à une allure calme et soutenue. Si vous avez une côte à descendre, il faut éviter d'abandonner vos chevaux à tout leur train comme le font certains cochers, au risque de les exposer à s'abattre, puis de précipiter tellement leur allure que l'on cesse d'en être maître, ou bien encore de les retenir tellement que ceux-ci s'acculent, se fatiguent et s'apprennent à tirer sur leur chaînette.

Tout bon cocher au moment d'une descente doit à l'avance rassembler ses chevaux et les mettre à une allure cadencée (*ce qui les fait se soutenir d'eux-mêmes*), puis les laisser descendre confiants dans leurs propres forces, sans les retenir, sans les pousser, mais tout en les sentant légèrement sur la main.

En montant une côte, une grande faute, nuisible à la traction et commise souvent, c'est de mettre ses chevaux brusquement au pas ; il faut, au contraire, calmer leur ardeur progressivement, afin de les conserver sur leurs traits et ne pas les obliger à un effort violent ; dans le cas où la côte est rapide, il faut faire exécuter à son attelage de petits obliques, ce qui soulage les chevaux dans leur tirage ; il en est de même dans les descentes, car ces obliques diminuent la force d'impulsion de la voiture, ce qui évite aux chevaux de se retenir et de se mettre sur les reins.

Si l'on doit passer un ruisseau, il est nécessaire aussi bien pour les chevaux que pour la voiture de ne pas s'y engager à angle droit, mais de marquer un temps d'arrêt puis d'imprimer à la voiture un oblique pour n'y faire entrer d'abord les roues de son avant-train que l'une après l'autre, de façon à amortir la secousse qui n'aurait pour résultat que d'envoyer le timon dans le nez des chevaux et de casser les ressorts de la voiture. Il peut arriver aussi que le chemin trop étroit ne permette pas de faire un oblique ; il faudrait alors y entrer doucement en marquant un temps d'arrêt au centre et soutenir ses chevaux au moment de les reporter en avant, afin d'éviter un effort violent.

En quittant une chaussée bombée comme pour y revenir (si l'on y est forcé), il serait imprudent de le faire en biais et à une allure précipitée car, rencontrant le moindre cailloux, vous seriez exposé de verser. L'on doit, au contraire, donner au timon une direction franche et placer, dans les deux cas, immédiatement son avant-train droit sur le terrain (1), ce qui est une garantie d'équilibre pour la voiture.

(1) Soit que l'on monte sur la chaussée ou que l'on en descende, mais il faut le faire avec précaution et doucement.

Enfin, pour éviter les dangers dans tous les obstacles que l'on peut rencontrer et n'avoir à subir aucun autre déplacement que celui nécessaire, un bon cocher doit toujours avoir l'œil sur ses palonniers.

CHAPITRE IX

Chevaux difficiles à atteler. — De la plate-longe ou courroie de ruage. — Chevaux qui tirent sur les chainettes.

L'on peut quelque fois trouver dans le dressage du jeune cheval de trait comme dans celui du cheval de selle, des difficultés qui paraîtraient manquer le résultat que l'on s'est proposé ; un cheval refuse-t-il à tirer, se contrarie-t-il au point de se coucher, ou bien encore craint-il le harnais de façon à bondir avec fureur ?

Il ne faut pas désespérer, mais raisonner les obstacles, en chercher la cause, et le remède ne tardera pas à se faire sentir, si comme je l'ai dit dans l'AVANT-PROPOS *(deuxième partie)*, on l'y contraint énergiquement.

Si le cheval met de la méchanceté au travail, l'on doit en principe engourdir l'animal par la privation, c'est-à-dire diminuer la partie tonique et excitante de sa nourriture ; par exemple, substituer le son à l'avoine, puis le promener ainsi revêtu de son harnais des heures entières, le lui laisser même jour et nuit à l'écurie et le baisser par des leçons de traction à la longe, en ne lui donnant à tirer qu'un poids extrêmement léger.

Il arrive quelquefois qu'un cheval méchant persiste à se défendre ou à ne pas vouloir tirer ; il faut alors l'atteler à une petite charrette en l'harnachant bien solidement, puis y ajouter double plates-longes et sans chercher à mettre l'animal en mouvement, le laisser ainsi plusieurs heures, sous une remise ou tout autre lieu abrité, en le faisant tenir au caveçon et surveiller soigneusement pour éviter toute défense désespérée (1).

Ce moyen ayant été employé pendant quelques jours, si l'on obtient du calme, on essayera de faire marcher le cheval un pas ou deux seulement, et s'il se soumet, on le dételera immédiatement en le flattant, puis, après avoir exigé chaque jour davantage, si le calme revient, on le remettra petit à petit au régime primitif.

Cette façon d'opérer, réussit généralement à presque tous les chevaux, cependant il arrive avec certains caractères que le naturel revienne lorsqu'ils ont acquis la connaissance de leurs forces ; il existe en dernier lieu un remède peu dangereux, sûr et commode, c'est, après lui avoir fait subir le régime dont j'ai parlé plus

(1) Si l'animal cherche à pointer, se cabrer, ou soit impatient au départ, il faut enrayer solidement la charrette et le laisser s'abandonner à ses ébats désordonnés qu'il cessera bientôt, puisqu'il trouvera le châtiment de sa défense dans l'impossibitité de traction.

haut, de l'atteler entre deux énergiques chevaux de charrette, qui ne tardent pas à le décider au tirage (1).

Pour les chevaux forts et affaissés d'encolure, il est un système préférable aux mors puissants qui irritent les barres et échauffent la bouche. Ce système consiste en une longue paire de guides de sûreté, dont les boucles sont solidement fixées aux clefs du mantelet; ces guides sont passées dans les anneaux d'un bon mors de bridon cannelé et un peu mince, ces guides *(dites de sûreté)* se prennent dans les deux derniers doigts de la main gauche et n'agissent que quand le cheval tire trop à la main ou cherche à s'emporter (2). Je n'ai jamais vu de cheval résister à ce moyen, j'aime surtout à ajouter, que l'on ne verra jamais ces défauts dans une écurie bien dirigée.

La plate-longe, moyen sûr pour empêcher les chevaux de ruer étant attelés à deux, est trop connue pour que je passe rapidement sur son usage, je rappellerai seulement qu'elle se fixe aux grands boucleteaux par-dessus les traits ; elle se place au-dessus des avaloirs en passant sous la queue, près de laquelle est fixée une forte courroie qui vient s'attacher au lissoir ou palonnier.

Chevaux qui tirent sur chainettes. — Un grand défaut trop fréquent chez les chevaux d'attelage, est de

(1) Dans ce cas, on met au cheval rétif des genouillères, parce qu'en se jetant à terre, il pourrait se couronner.

(2) Ces guides forment ce qu'on appelle poulie de renvoi, par le moyen de leur point d'attache et de l'anneau où elles coulent.

tirer sur les chaînettes, cela vient toujours de l'ignorance ou au moins de la négligence des cochers qui attèlent trop long sur chaînettes, ou n'observant pas une juste disposition de leurs guides, placent les têtes des chevaux trop en dedans.

Cette funeste habitude, dont il est fort difficile de corriger les chevaux arrivés à un certain âge, est quelquefois contractée aussi par ceux qui craignent le pavé glissant, cherchent un point d'appui sur leur chaînette.

Il y a deux moyens de remédier à ce défaut ; *le premier* consiste à maintenir la guide du dehors assez courte pour amener la tête de ce côté et se rendre maître de l'épaule et de la hanche du dehors ; des demi-temps fréquents, aidés du fouet, redressent le cheval et lui font généralement perdre cette habitude. — *Le deuxième moyen*, dont je ne garantis pas la réussite, parce qu'il réclame trop de tact, de finesse et de justesse de main, est : l'allongement de chaînettes et de traits du cheval que l'on veut corriger, toujours en tenant la guide du dehors plus courte. Le cheval alors, contenu par la main à la même hauteur que son camarade, ne peut s'étendre au bout de sa chaînette, ni se mettre aux traits.

C'est un moyen extrême et désespéré pour lequel il faut s'assurer la sagesse et la solidité du cheval hors main, puis ensuite avoir soin de rembourrer les palonniers, car l'animal, en cherchant à tirer sur sa chaînette, pourrait, en reculant, se blesser assez gravement aux jarrets.

Ce qu'il ne faut pas aussi perdre de vue, c'est que le fouet jouera un grand rôle.

CHAPITRE X

Comment l'on recule pour remiser.

Un complément indispensable de l'éducation du cheval de trait et qui demande beaucoup de discernement et de prudence, c'est le *reculer*. Remiser est l'art de faire des *retraites ;* c'est l'application du reculer pour placer sa voiture dans telle ou telle position, lorsque l'espace est court et que l'on ne peut se mouvoir qu'en reculant.

Si les chevaux ont été un peu préparés au reculer à la longe, ce travail sera plus facile pour eux au timon, mais l'on ne doit songer à leur faire exécuter ce mouvement attelé, qu'après s'être absolument assuré que ces chevaux sont parfaitement droits, francs du collier, toujours prêts à se porter en avant et qu'ensuite ils sont bien appuyés sur la main.

L'on doit avoir la précaution, pour commencer ce travail, de choisir un terrain uni et un peu incliné, de façon à ne présenter qu'une faible résistance ; un pas ou deux en arrière, très lentement exécutés, suffiront, mais il sera bon, avant de reporter les chevaux en avant, de les habituer à s'arrêter pendant le mouvement rétrograde. Ce sera là le cas de se servir des mots : « OH LA ! »

Quelques cochers reportent de suite leurs chevaux en avant, c'est une erreur absolue, car il est facile de comprendre que ces deux efforts opposés (*reculer et repartir*), faits successivement, irritent les chevaux en les disposant à se jeter avec violence sur les traits et sur la main.

Un reculer bien fait peut s'exécuter pas à pas et être arrêté à chacun de ses pas.

Au début et même dans la suite, il peut arriver que les chevaux se *braquent*, c'est-à-dire se contractent et se raidissent ; dans ce cas, il faut se garder de tirer dessus avec force, mais placer à la tête des animaux, un homme qui, avec une cravache, leur donnera, sur les genoux ou les naseaux, de légers coups auxquels ils ne tarderont pas à céder. On les arrêtera ensuite et on les caressera.

Pour rentrer une voiture sous remise, il faut déjà des chevaux bien dressés au reculer et ce n'est pas cependant ce qu'il y a de plus difficile à exiger.

Comme je n'ai pas la prétention d'imposer aux cochers et aux chevaux des tours de force que je ne crois pas rigoureusement nécessaires, je me bornerai donc à quelques observations :

Aujourd'hui, les voitures à avant-train tournant sont les seules dont on se sert, elles sont de beaucoup plus commodes pour effectuer toute espèce de mouvement circulaire et rétrograde que ne l'étaient jadis ces voitures à flèches, heureusement fort rares maintenant.

Je diviserai donc le *reculer* en deux mouvements :

1° *Retraite oblique* ou *demi-retraite* ;

2° *Retraite directe* ou *retraite entière.*

L'on se sert de la *retraite oblique,* lorsqu'on se trouve placé, par exemple, parallèlement à la porte de sa remise. Dans cette position, il faut amener ses roues de derrière vis-à-vis l'endroit où vous voulez que soit votre voiture entière, mais l'on ne doit pas oublier aussi que la règle générale des retraites exige que l'on mette la tête de ses chevaux à l'endroit où l'on veut amener le derrière de sa voiture.

Exemple : Si je veux opérer une *demi-retraite* à droite, je placerai la tête de mes chevaux obliquement à droite, puis je reculerai en jetant un coup-d'œil, de façon à arrêter aussitôt que ma roue droite de derrière aura atteint le but que je me proposais ; je redresserai ensuite mon timon obliquement à gauche, puis, reculant de nouveau, j'aurai ainsi placé la caisse de ma voiture dans la position qu'elle doit occuper. Ceci fait, il ne me restera plus qu'à redresser mon timon une seconde fois, pour que ma demi-retraite soit exécutée.

La *retraite entière,* c'est le reculer direct, mais qui doit s'obtenir pas à pas, sous peine de devenir dangereux.

Ces deux retraites que je viens de décrire, sont généralement celles dont on se sert pour remiser.

CHAPITRE XI

Quelques mots sur l'attelage à quatre.

Autrefois, l'attelage à quatre comportait un ou deux postillons (*ce que l'on appelait mener à la d'Osmont*), attelage sûr et commode sans doute, mais loin d'être aussi avantageux pour les chevaux que le menage à grandes guides (*dit à l'anglaise*), qui réclame cependant dans l'éducation de ceux-ci plus de précautions et de soins.

Avant d'arriver à un attelage d'ensemble, il faut dresser ses chevaux au timon, paire par paire, en étudiant leurs prédispositions, caractères et sensibilité, puis en ayant soin de choisir pour la volée (*chevaux de devant*), des chevaux d'action et ne ruant jamais ; les chevaux d'un même tempérament, d'une même énergie, sont les préférables en volée, mais pour obtenir un menage précis, il faudra les monter un peu plus longtemps que d'autres et surtout les rendre sensibles au moindre appel de langue, de façon à les faire arrêter à la voix, puis à les mobiliser ou tourner à la plus légère pression de guides.

Les chevaux de timon, au contraire, doivent être plus forts et plus froids, puis soumis plus particulièrement au temps d'arrêt, car c'est sur eux que se base toute la sûreté du menage à quatre ; il est encore une chose fort nécessaire, c'est qu'ils endurent patiemment le vue de la monture et le siflement du fouet au moment où il doit activer ou bien redresser les chevaux de volée ; si le contraire existait, ils ne tarderaient pas à désorganiser l'attelage en amenant inévitablement le bout du timon sur la croupe des chevaux de volée (1).

Les entre-deux ou croisières des chevaux de volée, doivent être courtes, à moins de forts chevaux, car on ne rapproche jamais trop ses chevaux de volée (2).

Les mors doux sont aussi préférables pour eux, car leur arrêt n'est jamais difficile, puis si les chevaux de timon sont sages, ils mettront l'attelage en sûreté contre le trop d'action de la volée.

Les guides sont placées sur les quatre doigts de la main gauche, savoir :

Guide gauche de volée sur l'index (1er *doigt*) ; guide gauche de timon, sur le médium (3e *doigt*) ; guide droite de volée, sur l'annulaire (4e *doigt*), et guide droite du timon, sur le petit doigt.

Les changements de main pour raccourcir les guides

(1) Je recommande d'atteler court sous le point de vue du tirage, de l'élégance et de la commodité, car plus les chevaux sont rapprochés de la main, plus facilement on les dirige.

(2) Pour les jeunes chevaux, il est une précaution, c'est de les réunir par une petite courroie de 30 à 35 centimètres, bouclée à l'œil du dedans de la branche du banquet, afin de prévenir l'écartement, ou bien encore que les chevaux en se retenant ne se frappent ou se jettent sur les volées.

ne sont pas admis à quatre, il n'existe qu'une seule manière prompte et précise, c'est de saisir l'excédent des quatre guides avec la main gauche comme je l'ai dit dans l'attelage à deux (Chapitre VIII), (3e *partie*).

CHAPITRE XII

Mes Conclusions.

Aujourd'hui, où le goût du cheval s'est développé dans d'immenses proportions, personne, à part quelques individualités marquantes, ne connaît *où ne cherche à connaître* les lois du Dressage et de l'Equitation ; j'ai voulu mettre, en publiant ces quelques conseils, chaque éleveur et amateur dans la voie de la vérité.

Je ne prétends point faire renaître à nouveau la traditionnelle Ecole de Versailles, où le chevalier d'Abzac (*dont le meilleur élève fut le comte d'Aure*), et autres maîtres en l'art, puisèrent les principes du dressage méthodique et rationnel qu'ils mirent en pratique à notre plus grande gloire ; je voudrais seulement voir disparaître, cédant la place à la logique, cette routine si fidèlement enracinée chez nous, ainsi que ces expédients *burlesques* (1) dont se servent les

(1) Je demande pardon du mot, mais il dépeint bien mon idée.

faiseurs, ce qui de nos jours cause la véritable inaction des affaires.

A l'œuvre donc, Messieurs les Eleveurs, pour appliquer ces principes que je vous dicte après une étude approfondie et vingt-cinq années d'une pratique sérieuse du dressage. Grâce à vos bons soins, Messieurs, la concurrence honteuse dont souffre notre beau pays, s'anéantira forcément sous vos résultats, en améliorant ainsi vos propres intérêts.

FIN.

PRINCIPAUX TERMES

en usage dans la pratique de l'équitation.

A

A-coup.

Action brusque ou saccadée de la main ou des jambes du cavalier.

Aides.

Moyen employé par le cavalier pour faire comprendre au cheval ce que l'on exige de lui. Il y a *accord des aides* lorsque, dans tous les mouvements les effets particuliers à chaque ordre concourent à l'ensemble qu'on sollicite du cheval. En un mot, c'est le rapport intelligent de ces actions.

Airs de manége.

Sont les divers mouvements ou figures qu'on exécute dans un manège, ainsi que la cadence qu'on imprime aux allures et aux mouvements : de là les *airs bas* et les *airs relevés*.

Airs bas.

Sont ceux où le cheval reste dans les allures naturelles et près de terre.

Airs relevés.

Sont ceux où l'on donne du tride et de l'élévation aux mouvements.

Animer un cheval.

Entretenir, augmenter l'action d'un cheval par les jambes et au besoin par l'éperon (*en attelage par le fouet ou l'appel de langue*).

Appui.

Action du cheval qui, en se déplaçant, met sa bouche en contact avec le mors, ce qui établit par là un rapport intime entre la bouche du cheval et la main du cavalier ou du cocher. On dit que l'appui est *bon*, lorsqu'il reste toujours le même, et qu'il n'a ni trop de légèreté ni trop de poids L'*appui* est dit *incertain*, lorsque la bouche varie dans son appui, que le cheval quitte et reprend la main. *L'appui* est dit *lourd*, lorsque le cheval pèse à la main et ne cède pas à ses effets. On dit enfin qu'un cheval est en *arrière de la main*, lorsqu'il refuse de se mettre en contact avec le mors.

Armer (s').

Le cheval s'arme contre le cavalier lorsqu'il résiste à l'action des aides.

Arrêt.

Action de la main pour arrêter le cheval. *Demi-arrêt*, action de la main pour ralentir sans arrêter. On dit que le cheval a *l'arrêt* bon ou *mauvais*, suivant qu'il s'arrête facilement ou difficilement.

Arrière-main.

Partie du cheval, formée de la croupe, des hanches, des fesses, du grasset, des cuisses, des jarrets, des extrémités postérieures de l'anus et de la queue.

Assiette.

Manière dont le cavalier est placé sur la selle ; *avoir une bonne assiette* veut dire être bien posé sur la selle.

Avant-main.

Partie du cheval, formée de la tête, de l'encolure, du garrot, du poitrail, des épaules et des extrémités antérieures.

B

Battre à la main.

Un cheval bat à la main, lorsqu'il donne des coups de tête, en l'élevant et en la baissant alternativement.

Battue.

Bruit que produit le pied du cheval en foulant le sol dans sa marche.

Bien mis.

Se dit d'un cheval à la fois souple et docile aux actions de la main et des jambes.

Bipède antérieur.

Les pieds de devant.

Bipède postérieur.

Les pieds de derrière.

Bipède diagonal.

Un pied de devant d'un côté, un pied de derrière de l'autre.

Bipède latéral.

Un pied de devant, un pied de derrière du même côté. *(Il est latéral droit ou gauche)*.

Bipède diagonal droit.

Veut dire le pied droit de devant et le pied gauche de derrière. Il est dit : *bipède diagonal gauche*, pied gauche de devant et droit de derrière.

Bouche *(bonne ou mauvaise)*.

Se dit du degré de sensibilité des barres qui supportent le mors.

Bourrer.

Action brusque du cheval qui s'élance en avant et s'appuie énergiquement sur le mors.

Buter.

Action du cheval qui fait un faux pas.

C

Cabrer (se).

Cheval qui se lève droit sur ses extrémités postérieures.

Cabriole.

Saut vif, par lequel le cheval étant en l'air, le devant et le derrière à la même hauteur, il détache la ruade *(air relevé)*.

Cadence.

Mesure régulière que le cheval observe dans tous ses mouvements.

Changement de main.

Passer le coin et traverser le manège diagonalement, de manière à reprendre la piste opposée dans un sens différent.

Changement de pied.

Se dit de l'action du cheval qui, en galopant, change les dispositions de ses extrémités.

Courbette.

Mouvement dans lequel le cheval avance sous son centre de gravité ses deux pieds de derrière, en pliant les jarrets et baissant les hanches, et lève les deux jambes de devant en pliant les genoux. (*Air releve*).

Croupionner.

Se dit du cheval qui enlève plusieurs fois la croupe sans ruer.

D

Débourrer.

Commencer à rendre les mouvements d'un cheval souples et liants.

Dedans.

Tout ce qui pour le cavalier est dans l'intérieur du manège.

Dehors.

Tout ce qui pour le cavalier est du côté du mur le long duquel il marche.

Démonter.

Se dit d'un cheval qui, par un mouvement brusque, jette son cavalier par terre.

Descente de main.

Action que le cavalier exécute sur un cheval bien mis, afin de montrer la justesse de son équilibre et sa belle attitude.

Désuni.

Lorsque le cheval ne galope pas sur le même pied du bipède antérieur et du bipède postérieur, il est désuni ; on le dit *désuni du devant* ou *désuni du derrière,* suivant la main à laquelle il galope.

Droit.

Mettre un cheval droit, c'est le tenir de manière que ses épaules et ses hanches soient sur la même ligne.

E

Ecart.

Action d'un cheval qui, par peur, se jette violemment de côté.

Encapuchonner.

Action du cheval qui rapproche du poitrail la partie inférieure de la tête.

Enterrer.

Un cheval s'enterre lorsqu'il s'abandonne sur les épaules, baisse la tête, pèse sur la main et manie trop près de terre.

Eperon.

Donner de l'éperon, pincer des éperons, veut dire, appliquer les éperons dans le ventre du cheval pour le presser ou le pousser en avant.

F

Faux.

Un cheval est faux lorsqu'il galope sur les pieds du dehors, c'est-à-dire sur le pied droit en tournant ou travaillant à main gauche, et sur le pied gauche en tournant ou travaillant à main droite.

Fermer.

Signifie tenir les hanches et marcher obliquement, les épaules et les hanches sur la même ligne.

Finir.

C'est terminer une leçon ; on finit généralement son cheval au pas.

Foulée.

Pose du pied du cheval sur le sol après le mouvement du lever.

Franc.

Se dit d'un cheval dont les départs sont réguliers.

Fuir les talons.

Expression qui veut dire marcher sur les pas de côte ; *fuir le talon gauche*, c'est marcher de gauche à droite.

G

Gaîté.

Se dit d'un cheval qui montre du feu et de la vivacité.

Grandir (se).

Le cavalier se grandit en levant la tête et en soutenant le haut du corps. Le cheval se grandit en ramenant les hanches sous lui et en enlevant le devant.

H

Ha-dela.

Expression dont on se sert pour faire ranger à droite ou à gauche les sauteurs dans les piliers.

Hanches.

Asseoir *un cheval sur les hanches*, c'est faire plier les hanches pour alléger et agrandir l'avant-main.

Holà.

Terme de manège pour faire arrêter le cheval ou commander un arrêt.

I

Immobilité.

Position du cheval qui reste en place et se refuse à marcher sous l'action des aides.

J

Jambes.

Aides du cavalier. — *Jambes près*, signifie l'action par laquelle le cavalier ferme ses jambes pour mettre le cheval en mouvement ou l'empêcher de reculer.

Juste.

Un cheval est dit *juste*, lorsqu'il marche avec régularité et mesure. Il part juste au galop, lorsqu'il l'entame sur le pied du dedans,

L

Large.

C'est suivre les murs du manège. Le cavalier qui a quitté le mur pour marcher en cercle, auquel on commande de *marcher large*, doit gagner le mur et le suivre à la main à laquelle il se trouve.

Lever.

Temps de la marche, pendant lequel un ou plusieurs membres du cheval se trouvent en l'air.

M

Main.

Aide du cavalier qui agit sur la bouche du cheval. — *Appui de la main*, sensation que fait éprouver à la main du cavalier l'action du mors sur les barres du cheval — *Battre à la main*, action du cheval qui hausse et baisse la tête avec des mouvements brusques. — *Bien dans la main*, se dit d'un cheval bien dressé, obéissant avec grâce à la main du cavalier. — *Léger à la main*, se dit d'un cheval qui a la bouche bonne et qui appuie légèrement sur le mors. — *Gagner la main*, c'est lorsque le cheval échappe peu à peu de la main du cavalier. — *Main bonne*, celle qui rend ou retient à temps et à propos avec douceur et fermeté. — *Main dure*, celle dont l'action est trop puissante sur la bouche du cheval. — *Peser à la main*, se dit d'un cheval qui, par lassitude ou faiblesse des reins et des jambes, manque de sensibilité dans la bouche, s'appuie et s'abandonne sur le mors, de manière à fatiguer le bras du cavalier. — *La main de bride*, est celle qui tient les rênes. Quand au manège, on marche à gauche, la main de la bride est la main gauche ; quand on marche à droite, c'est la main droite.

On dit qu'un cheval marche *à main droite*, lorsqu'au manège il tourne à droite, que le travail se fait à droite. Cette habitude de désigner ainsi le côté droit, vient de ce qu'autrefois on désignait, sous le nom de main, les pieds de devant du cheval, et que, lorsqu'il marche à droite, c'est la jambe droite (ou la main), qui *manie* la première.

Manège ou Carrière.

Terrain plus ou moins étendu, entouré de murs, destiné à exercer les hommes aux pratiques de l'équitation et les chevaux au dressage.

Manier.

Exprimer l'action des extrémités du cheval aux différentes allures : *Il manie* bien, mal, ou près de terre.

Mesair.

Air relevé. Ce terme signifie *à moitié air* ; c'est

une demi-courbette dans laquelle le cheval s'élève moins et avance plus que dans la courbette. Ces différents airs relevés doivent être presque généralement exclus dans les manèges ; ils ne peuvent être demandés que très exceptionnellement.

Monter à cheval.

Action de se placer sur le dos du cheval.

Montoir.

Désigne le côté gauche d'un cheval par où l'on monte.

Mors.

Mâcher le mors, se dit du cheval qui joue avec le mors en le balançant dans la bouche. — *Goûter le mors*, lorsqu'il le mâche, ce qui prouve qu'il n'est pas contrarié de l'avoir. Un bon cavalier, par la légèreté et le tact de sa main, amène son cheval à *goûter le mors*.

Mors aux dents (*Prendre le*).

Le cheval peut prendre le *mors aux dents*, quand il n'a pas de fausse-gourmette ; c'est alors une des deux branches qu'il saisit avec les incisives, et, par là, arrête l'action du mors. Au figuré, l'on dit d'un cheval qui s'emporte, qu'il prend le *mors aux dents*.

Mou.

Cheval sans énergie,

O

Obéir.

Un cheval obéit à la main et aux jambes lorsqu'il les connait et répond à leur action, et il obéit aux éperons lorsqu'il les craint.

Ombrageux.

Se dit d'un cheval qui a peur de tous les objets qu'il rencontre et même de son ombre.

Opposer les épaules aux hanches.

C'est porter les épaules du côté où le chevaf jette les hanches.

P

Passage.

Air bas. Pas écoulé et relevé qui a l'action du trot, mais plus mesuré, plus raccourci que celui-ci ; c'est donc un trot restreint, où l'on fait dépenser en hauteur des mouvements que le cheval aurait produits en avant s'il n'avait pas été maintenu.

Piste.

Est la ligne droite ou circulaire que tracent les pieds du cheval. Suivre la piste, c'est marcher le long des murs du manège. Le cheval est dit d'une piste lorsque les pieds de derrière parcourent la même ligne que ceux de devant ; de deux pistes, lorsqu'il marche par des pas de côté.

Placer un cheval.

C'est le maintien droit et en équilibre, en coordonnant ses forces dans tous les mouvements qu'il doit exécuter selon les règles du manège.

Plier un cheval à droite ou à gauche.

C'est l'habituer à tourner sans efforts à ces deux mains.

Pointer.

Action du cheval qui s'élève et se pique sur ses deux pieds de derrière pour se lancer en avant.

Porter au vent.

Désigne un cheval qui porte la tête dans une position plus ou moins horizontale.

Porter haut.

Marcher la tête élevée.

Q

Quadrille.

Groupe de cavaliers exécutant des exercices équestres.

Quinteux.

Se dit d'un cheval irritable.

R

Ramener.

Faire baisser la tête et le nez à un cheval qui les tient trop en avant.

Rechercher un cheval.

C'est redoubler d'action sur lui.

Rendre.

Baisser la main pour diminuer ou faire cesser l'action des rênes.

Reprise.

Durée du travail qu'on fait exécuter sans interruption à l'homme ou au cheval.

Résistance.

Opposition du cheval à la volonté du cavalier manifestée par les aides.

Ruade.

Mouvement violent du cheval qui élève son arrière-main et lance avec force ses pieds postérieurs en arrière.

Ruer à la botte.

Défense du cheval qui cherche avec un pied de derrière à frapper la botte du cavalier.

S

Saccade *(Voyez à-coup).*

Scier du bridon.

Faire sentir successivement l'effet de chaque rêne.

Serrer.

C'est exiger du cheval qu'il rétrécisse la largeur du mouvement.

Surprendre.

Se servir des aides trop brusquement et par à-coups et impressionner désagréablement le cheval.

T

Train.

Etre dans le train veut dire avoir l'allure allongée qui convient à la course que le cheval fait.

Traverser.

Un cheval *se traverse* lorsque l'arrière-main, se portant à droite ou à gauche, ne suit plus la ligne des épaules.

Tride.

Exprime l'action vive et cadencée du mouvement.

U

Unir.

C'est faire galoper un cheval si juste que son arrière-main n'opère qu'une même action avec son avant-main. On dit qu'une allure est *unie*, lorqu'elle est régulière et également espacée.

V

Vitesse.

Célérité dans l'allure.

Voltige.

Exercice pratiqué sur un cheval avec ou sans étriers, afin d'acquérir de la légèreté et de l'adresse.

TABLE

PREMIÈRE PARTIE

Dressage au montoir du cheval docile et bien conformé.

DEUXIÈME PARTIE

Du cheval difficile à dresser par vice de conformation, ou devenu rétif par une mauvaise éducation.

TROISIÈME PARTIE

De l'attelage ou dressage du cheval au trait.

BIBLIOTHÈQUE NATIONALE R.F. IMPRIMÉS

Falaise, imp. L. Régnault-Trolonge.

www.ingramcontent.com/pod-product-compliance
Ingram Content Group UK Ltd.
Pitfield, Milton Keynes, MK11 3LW, UK
UKHW022101190726
13855UKWH00002B/567